职业院校教师培训与继续教育

中华优秀传统文化课程

标准、模块设计与实施

主编 宋婕

中国人民大学出版社
·北京·

前言

习近平总书记指出："培育和弘扬社会主义核心价值观必须立足中华优秀传统文化。牢固的核心价值观，都有其固有的根本。抛弃传统、丢掉根本，就等于割断了自己的精神命脉。博大精深的中华优秀传统文化是我们在世界文化激荡中站稳脚跟的根基。"2014 年与 2017 年，教育部与中共中央办公厅、国务院办公厅分别发文，提出要将中华优秀传统文化"贯穿于启蒙教育、基础教育、职业教育、高等教育、继续教育各领域"。2019 年，教育部《关于职业院校专业人才培养方案制订与实施工作的指导意见》（教职成〔2019〕13 号）强调立德树人根本任务，明确要求高等职业学校应当将中华优秀传统文化课程列为必修课或限定选修课。中华优秀传统文化课程在职业教育体系中的地位得到了前所未有的重视，完成好传统文化必修课的教学将是摆在每所高职院校面前的重要任务。

早在 2006 年，广州城市职业学院就将"国学精粹"作为中华优秀传统文化公共基础必修课列入全校各专业人才培养方案。经过十余年的探索和实践，该课程已建设成为省级精品资源共享课，以该课程为基础建设的"四书五经导读"成为国家职业教育专业教学资源库核心课程，以该课程为核心的国学教育成果"高职院校中华优秀传统文化教育'一课三平台'育人模式的构建与实践"也获得了 2018 年国家级教学成果奖二等奖。

一

中华优秀传统文化所包含的内涵与外延既深且广，要在学时不多的一门公共基础课里实现课程效用的最大化，需要准确把握课程的设计理念并进行科学定位。

首先，课程设计要以准确把握传统文化的特质为基础。

习近平总书记在哲学社会科学工作座谈会上的讲话中指出："中华民族有着深厚文化传统，形成了富有特色的思想体系，体现了中国人几千年来积累的知识智慧和理性思辨。这是我国的独特优势。"一种文化的特质是在与不同文化的比较中凸显出来的。对于中华优秀传统文化的内涵及核心思想，学者做过诸多探讨与列举式的概括，这在不少传统文化教科书及专著中可以详见。① 与西方主流学问将其思想的起点视为逻辑预设的知识论建构方式不同，中国传统的学问关心的主要不是知识而是价值问题，即如何完善

---

① 李宗桂. 试论中国优秀传统文化的评价标准［J］. 社会科学战线，2017（8）：1-3.

人格和精神生命的问题，①也就是古圣先贤所谓之"道"学。正如楼宇烈先生所言，中国传统文化从某种意义上可称为道文化，"中国传统文化的任务是明道、行道、传道，其人生境界以求道、悟道、证道为根本。"②而求道的过程又一定是与自家性命息息相关的，因此牟宗三先生又将传统学问称为"生命的学问"，说"中国文化的核心是生命的学问，由真实生命之觉醒，向外开出建立事业与追求知识之理想，向内渗透此等理想之真实本源，以使理想真成其为理想，此是生命的学问之全体大用。"③以生命的学问为根基，以求道为宗旨，传统的学问在人格修养上为我们开出的是一条经由圣贤教化而立志、明理、笃行、完善人格、自利利他的精神生命成长路径，如同孔子为我们所示现的"十有五而志于学，三十而立，四十而不惑，五十而知天命，六十而耳顺，七十而从心所欲，不逾矩"的生命历程；在群体关系上则为我们提供了既有规范又不失和谐的礼乐教化思想与实践路径。基于对传统文化的这种理解，广州城市职业学院在传统文化必修课"国学精粹"课程设计上，以传承中华传统之"道"学为根本，注重学生健全人格的养成而非一般的知识传授，注重实践育人而非单纯的理论灌输，并由此形成了"礼以立人、艺以养人、行以成人"的教学理念，引导学生准确理解传统文化的价值、乐于践行传统美德，使优秀传统文化成为增强学生文化自信、端正人生价值观、提升自身素养、营建和谐身心的重要源泉。

其次，课程设计应准确把握教学对象的特点和需求。

高职院校的生源虽较为复杂，但在认知特点、学习习惯和兴趣以及在"三观"等方面也具有不少共同的特征。近三年对高职一年级学生的课前学习调查问卷显示，从学生的心理和认知特点来看，90%以上的学生对传统文化的经典理论有接触但尚未形成独立思考与自身理解，易受传播媒体及身边环境的影响。他们一方面对人生和未来充满希望与期待，另一方面也存在迷茫，包括缺乏人生目标、没有学习动力、担忧工作前景、缺乏做事毅力等，"三观"尚未完全定型。97%的学生表示愿意或非常愿意学习传统文化，这表明他们在价值观的形成上有较大的可塑性。从学生的学习特点来看，他们喜欢讨论、发表见解、小组合作以及更多的动手机会，很难接受较长时间的理论讲授。就知识基础而言，他们在中小学阶段对传统文化都有所接触，如唐宋诗词、古代散文，乃至儒家经典章句等，具备一些传统文化常识，但对传统文化中的基本概念缺乏准确的理解，甚至还存在不少误解，对传统文化缺乏整体概念，对传统的修身之道更是茫然不知。因此，承担着唤起文化自信、长养健全人格任务的传统文化必修课程，就需要以学生能够接受的方式和途径，对其价值观和人生观进行正确的引导，对立足于脚下的传统形成正确认知，对于他们所存在的诸多困惑提供切实有效的解决方案。

---

① 宋婕. 国学精粹 [M]. 2版. 北京：中国人民大学出版社，2018：前言.
② 楼宇烈. 中国文化的道与艺——由艺臻道，以道统艺 [J]. 学术交流，2014（10）：1.
③ 牟宗三. 生命的学问 [M]. 桂林：广西师范大学出版社，2005：自序.

最后，课程设计既要贯彻落实党和国家的政策方针，又要紧扣高职院校人才培养的目标。

教育部在《完善中华优秀传统文化教育指导纲要》（2014年3月）中明确，要"分阶段有序推进中华优秀传统文化教育"，其中高中阶段的主要目标是"以增强学生对中华优秀传统文化的理性认识为重点，引导学生感悟中华优秀传统文化的精神内涵，增强学生对中华优秀传统文化的自信心"，大学阶段的主要目标是"以提高学生对中华优秀传统文化的自主学习和探究能力为重点，培养学生的文化创新意识，增强学生传承弘扬中华优秀传统文化的责任感和使命感"。笔者认为，高职学生的认知水平和层次一般介于高中与普通本科院校之间，在传统文化教学方面设定的目标应兼顾高中阶段与大学阶段。此外，高职院校以培养德技并修的复合型技术技能人才为目标，更需要在传统文化的课程设计中将专业精神、职业精神和工匠精神的培养贯穿其中。

基于上述认识，我们将课程进行了如下定位："国学精粹"是以普及中华优秀传统文化为核心，以提升学生整体人文素养为宗旨的全校公共基础课。课程立足于将传统文化所蕴含的生命的智慧与学生的人文修养和职业道德教育密切结合，以"礼""艺""行"为基础，以"立人""养人""成人"为教学目标，发挥中华优秀传统文化在职业教育中"固本""铸魂""打底色"工程的作用，帮助大学生树立正确的世界观、价值观、人生观，准确认识优秀传统价值观念与文化精髓，促使学生学会做人、更好做事，树立文化自觉，增强文化认同，提升文化自信，实现人才培养的"教、学、养、用"一体化。

在此理念和定位下，本课程以"国学与人生智慧"为主线，设计了与学生生命成长、未来职业和志业密切相关的理论模块与实践模块教学内容，力图通过经典教化与修身实践，将传统文化精华落实于学生的日常行为，让学生切实体会中华优秀传统文化可以有效帮助他们立身处世。

二

在创新的课程理念指导下，我们进行了行之有效的课程设计。

\multicolumn{4}{c|}{"国学精粹"课程设计}			
课程代码	***	对象	所有专业
学时	36学时（理论精粹26学时＋国学体验10学时）	学分	2
定位	优秀传统文化教育普及		
目标	总体目标：学会做人，更好做事	知识目标	准确了解和把握守礼、明志等传统文化核心的概念和内容
		能力目标	能运用经典智慧分析和处理学习、生活中遇到的问题
		素质目标	树立文化自觉，坚定文化自信，具备诚信、敬业等基本职业素养
模式	理论精粹＋国学体验		

续表

教学模块			教学方法	
			单元教学环节设计	时长（分钟）
理论精粹教学单元举例	持敬守礼	修习传统礼仪，让学生知敬畏、守规矩	持敬守礼	1
	知耻	教导学生"行己有耻"，激发学生进取精神	吟唱雅乐	2
			修身正坐	2
	明志	追溯古圣先贤生命轨迹，坚定学生理想信念	经典探究	30
			经典智慧	30
	好学	理解"君子之学"的内涵，提升学生自省能力	雅艺实践	10
			行为检测	5
	孝亲	深入了解"孝亲"思想，引导学生践行中华孝道		
	其他模块	略		
国学体验教学设计	城市国学讲坛	名家进课堂，展现传统文化的深度和广度		
	家乡文化巡礼	发现并体验身边的传统		
	雅艺体验	在国艺中涵养性情，体会工匠精神的内涵		
	文化实践	深度参与学校各类传统文化活动项目，体验国学文化内涵		
教材	"十二五"职业教育国家规划教材《国学精粹》			
学习空间	线下	6个传统文化实训室＋28个校外实践基地		
	线上	国家职业教育专业教学资源库、省级精品课程、国学传习网、微信公众号		
考核方式	"五个一"工程：背一部传统文化经典、读一本传统文化参考读物、听一次"城市国学讲坛"、参加一项传统文化实践活动、写一篇传统文化学习心得			

上述课程设计凸显了以下几个特点：

第一，将课程内容与教学环节模块化，创设学修一体的"七步教学法"。

公共基础课中的理论课教学一向是高职教学的难点和痛点。《大学》开篇讲"大学之道，在明明德，在亲民，在止于至善。知止而后定，定而后静，静而后能安，安而后能虑，虑而后能得"，既为我们指明了传统学问之纲要，也为我们提供了修学的步骤：知止、定、静、安、虑、得。朱子说："为学之道莫先于穷理。穷理之要必在于读书。读书之法莫贵于循序而致精，而致精之本则又在于居敬而持志。"[1] 这也为我们提供了居敬持志、熟读精思、循序渐进等读书之要。学习传统文化，不能离开古圣先贤对于学习方法的总结，但也须适合当代之情境而进行创造性转化。在教学实践的基础上，我们既借鉴古人涵养身心的教学方法，又有效运用信息化教学手段进行混合式教学，创新了"持

---

[1] [清] 陈宏谋. 五种遗规 [M]. 北京：线装书局，2015：25.

敬守礼－吟唱雅乐－修身正坐－经典探究－经典智慧－雅艺实践－行为检测"七步教学法。

持敬守礼：《礼记》开篇就讲"毋不敬"，《论语》中孔子在教育学生时也多处讲到敬，包括对父母要敬（"不敬，何以别乎"）、做事要敬（"执事敬"）、修身要敬（"修己以敬"）。课堂教学以"礼敬师长"开始，最后以"礼敬师长"结束，旨在唤起学生对先贤、师长、经典的恭敬之心和感恩之心。

吟唱雅乐："乐者为同，礼者为异，同则相亲，异则相敬。"（《礼记·乐记》）吟唱一段经典，既能振奋学生精神，烘托课堂教学氛围，又能以轻松的方式熏习经典，加深和巩固学生对于经典的印象。

修身正坐：静坐为古人修习身心的重要方法，曾国藩在其日课中，要求自己每日不拘何时，静坐一会儿。课堂上设计三五分钟的静坐（基本要求是身体坐直、自然放松、调整呼吸、持敬守一）训练，引导学生在喧嚣浮躁中沉寂下来，反观自照，对于调整学生身心很有益处。

经典探究：通过正坐唤起学生专注力之后，老师开始导入课程模块的学习。在此环节，老师给出本次课程所要学习的经典，布置学习任务，让学生通过汉字全息资源应用系统、中国哲学书电子化计划以及国家职业教育专业教学资源库等信息化平台，以小组讨论的方式自行探究经典字义及内涵，提高学生对中华优秀传统文化的自主学习和探究能力。

经典智慧：教师总结学生探究结果，结合课程思政，引入实际案例，通过情境教学、启发式教学等方法点出传统经典中所蕴含的人生智慧，将教学内容进行点拨升华。

雅艺实践：课间休息时引入雅艺实践环节，或实践茶的冲泡法，或欣赏、弹奏一首琴曲，或习练一段八段锦，既可引导学生从课间的手机游戏中走出来，又能潜移默化地培养其审美情趣。

行为检测：教师根据本次课程主题，为学生布置抄写经典及课后践行任务，要求学生将每日践行情况或在教学平台上分享，或记录于修习手册供老师检查，以督促学生切实将课堂所学落实于修身实践。

七步教学法通过动静、身心、学练、知行四个结合，以学生为中心，从学生生活实际出发，结合经典学习进行主题升华，将思想体悟复归于学生生命体验，通过行为训练落实于学生行为规范，引导学生完成对传统文化"一知半解→寻根溯源→辨析义理→体悟内涵→彰显大义→切实笃行"的学习全过程，解决了公共理论课教学中学生"易知难行""只知不行"的教学痛点，取得了良好的教学效果，对学生生命成长提供了有效助力。

第二，将传统文化体验项目化，创新理论点拨与多维体验相结合的教学模式。

以"教、学、养、用一体化"为目标，将理论点拨与实践体验密切结合，设计传统文化体验项目，为学生创造多维体验空间。

"城市国学讲坛"邀请名师进课堂，让学生与名家"面对面"，近距离感受名师风采，提升学习兴趣，拓展学习的广度和深度；"家乡文化巡礼"项目启发学生关注并观察日用而不知的身边的传统，在追寻文化之根的过程中寻找传统与现代的结合点，唤醒学生的文化记忆，挖掘传统在当代的价值和意义；在国学体验室进行的琴棋书画茶等雅艺体验项目则让学生深刻领悟中国传统"以艺臻道"的内涵和旨趣。除此之外，我们着力于将第一课堂与第二课堂相结合，搭建了以传统文化兴趣社团为载体的修身实践平台，以"国学经典诵读大赛"等校园文化活动为载体的文化育人平台，以企业、社区等为载体的回报感恩平台，在平台上设计文化体验项目，要求学生以小组合作的方式完成项目。学以致用、行以致知的"三平台"使学生在实际生活中运用优秀传统文化、体悟先贤智慧，由"明理"转向"笃行"，实现理论点拨、生活体验、社会实践的有效衔接。

在理论指导下对传统文化的多维度体验，有效地唤起了学生对传统文化的学习兴趣。第三方提供的《广州城市职业学院中华优秀传统文化教育效果评估报告》显示："雅艺体验是最多学生表示喜欢的教学方式，达56%，其次是经典诵读与讲解、教学互动及小组团队实践等，总的来看，体验及互动式教学方式更受欢迎。"[1]

第三，将过程、能力与素质考核显性化，创新行为导向的能力考核方式。

与一般专业课程侧重于考核学生是否掌握非常明确的知识要点和技能操作要点不同，传统文化课程目标在于引导学生对中华优秀传统文化准确认知，提高学生对传统文化的自主学习和探究能力，强化学生的自我反省能力，并将传统智慧落实于日常生活实践。在考核方式上，我们以行为为导向，围绕学生的三种能力（自主学习和探究能力、自我反省能力、利用经典解决问题能力）进行重点考核。

自主学习和探究能力体现在过程考核中。课前布置探究任务，引导学生使用信息化探究工具，分组围绕学习内容初步探索核心概念的来源、内涵以及经典文本的相关论述，完成探究任务，并提出探索中需解决的问题，教师对学生探索任务的情况进行评价；课程中教师结合案例深入解读经典后，为学生设计模拟案例，给出具体需解决的问题，学生根据所学当堂解答，教师根据学生的解决问题能力和方案的可行性进行评价，培养学生运用经典解决问题的能力。

我们为学生设计了《国学精粹课程修习手册》，将其作为过程性考核的重要载体。该手册依教学模块进行设计，每个模块包含主题探索、经典读写、经典智慧、雅艺实践、学后反思、课后经典抄写等内容，方便学生记录课上课后学习和实践的全过程。

三

多年来，我们依据党和国家的教育方针，根据职教领域不断发生的新变化、新要求，结合职业院校学生的特点以及成长需求，着力打造"国学精粹"这门传统文化必修课。在教学实践过程中，课程组成员对课程每一章节的内容、每一教学环节的安排都进行了反复的推敲与打磨，形成了这门课程的教学标准——《职业院校中华优秀传统文化

---

[1] 广州炯熠市场信息咨询有限公司. 广州城市职业学院中华优秀传统文化教育效果评估报告，2017.

公共基础课课程标准》，并配备了课程教案和丰富的教学资源。为贯彻《教育部关于职业院校专业人才培养方案制订与实施工作的指导意见》中关于"强化课程思政"的要求，我们还在每一模块中增加了课程思政要点。此外，《国家职业教育改革实施方案》要求"发挥标准在职业教育质量提升中的基础性作用"。相比于专业教育，目前中华优秀传统文化教育缺乏可资借鉴的实施规范与标准。由此，我们也在多年传统文化教育实践的基础上，配合课程理论与实践教学，制定了《职业院校中华优秀传统文化公共基础课程实训教学条件建设标准》《职业院校教师中华优秀传统文化素养培训课程指导标准》《职业院校中华优秀传统文化实践活动指导标准》等。

本书由广州城市职业学院中华优秀传统文化教育教学团队完成。国家级教学成果奖二等奖第一完成人、广东省教学名师宋婕教授担任本书主编，制定本书体例、各教学模块的内容及要求，撰写本书前言、"职业院校中华优秀传统文化公共基础课课程标准"和教学实施报告，并负责全书统稿；谭习龙博士负责撰写"知理""守礼""空性""古琴艺术"等教学模块；黄冠文老师负责撰写"明德""知耻""立志""好学""孝亲"等教学模块，编写"职业院校中华优秀传统文化公共基础课程实训教学条件建设标准"；李俊博士负责撰写"诚信""敬业""日常礼仪""家乡文化""项目策划"等模块，编写"职业院校教师中华优秀传统文化素养培训课程指导标准"；黄伟明博士负责撰写"自然""归根""无为"等课程模块；陈凯玲副教授负责撰写"智慧""慈悲""诗词吟诵"等课程模块；董方明老师负责撰写"茶艺体验"课程模块，并整理编写"职业院校中华优秀传统文化实践活动指导标准"。本书既可作为"十二五"职业教育国家规划教材《国学精粹》的教师参考用书，也可为所有开展中华优秀传统文化公共课程教学的老师提供参考，更可为中华优秀传统文化在高职院校的具体实践提供可资借鉴的标准和实施路径。

上好中华优秀传统文化公共基础课，将中华优秀传统文化教育全方位融入职业教育的全过程，是完成"立德树人"任务的关键环节。中华优秀传统文化教育既要立足传统，更要面向时代，既要立足于以学生为中心，又需教师善加引导，其落脚处必是知行合一，即将传统智慧落实于学生生活实践，助力学生健康成长。唯有如此，传统文化才能在学生身上焕发出新的活力并保持其永久的生命力。

宋　婕

中华优秀传统文化课程系列标准　/ 001

  职业院校中华优秀传统文化公共基础课课程标准　/ 002
  职业院校中华优秀传统文化公共基础课程实训教学条件建设标准　/ 011
  职业院校教师中华优秀传统文化素养培训课程指导标准　/ 042
  职业院校中华优秀传统文化实践活动指导标准　/ 054

中华优秀传统文化课程模块设计——理论教学　/ 069

  模块一　知理　/ 070
  模块二　守礼　/ 078
  模块三　明德　/ 084
  模块四　知耻　/ 097
  模块五　立志　/ 102
  模块六　好学　/ 108
  模块七　孝亲　/ 114
  模块八　诚信　/ 121
  模块九　敬业　/ 127
  模块十　自然　/ 132
  模块十一　归根　/ 137
  模块十二　无为　/ 143
  模块十三　空性　/ 148
  模块十四　智慧　/ 153
  模块十五　慈悲　/ 160

中华优秀传统文化课程模块设计——实践教学 / 167

  模块一 诗词吟诵 / 168
  模块二 日常礼仪 / 176
  模块三 茶艺体验 / 185
  模块四 古琴艺术 / 192
  模块五 家乡文化 / 201
  模块六 项目策划 / 210

附录 教学实施报告 / 218

中华优秀传统文化
课程系列标准

职业院校中华优秀传统文化公共基础课课程标准

（以"国学精粹"为例）

课程代码： ＊＊＊
总 学 时： 36学时（理论课26学时，实践课10学时）
学 分 数： 2学分
适用专业： 所有专业

一、课程性质

必修课、公共基础课。

二、课程定位

"国学精粹"是以普及中华优秀传统文化为核心，以提升学生整体人文素养为宗旨的全校公共基础课。课程发挥中华优秀传统文化在职业教育中"固本""铸魂""打底色"工程的作用，帮助大学生树立正确的世界观、价值观、人生观，准确认识优秀传统价值观念与文化精髓，促使学生学会做人、更好做事，树立文化自觉，增强文化认同，提升文化自信。课程开设于大学一年级第一学期，是一门适应大学生健全人格养成与职业素养提升需要的文化素质普及课程。本课程教学目标可对接所有职业岗位的职业道德要求和人文素养要求。

三、课程设计思路

依据教育部《关于职业院校专业人才培养方案制订与实施工作的指导意见》（教职成〔2019〕13号），围绕"立德树人"根本任务，落实学院"文化塑校"办学理念，扎根本土、面向时代，遵循高职教育理实一体化教学、职业技能与文化素质并重的教育规律，根据知行合一论、生活教育论与知情意行协调发展德育论，对中华优秀传统文化进行符合高职教育的现代转化，确立"礼以立人、艺以养人、行以成人"的课程理念。课程以"礼""艺""行"为基础，将课程目标具体化为"立人""养人""成人"，注重人格养成而非一般知识传授，注重实践育人而非单纯理论灌输。课程立足社会主义核心价值观，贯彻"课程思政"，选取与学生人格养成与职业成长相关的知理、守礼、明德、知耻、立志等教学模块，运用线上线下混合式教学模式，采用任务驱动、案例教学等教学法，创设持守礼敬、吟唱雅乐、经典探究、行为检测等"教""学""做"一体的教学环节，同时结合学生职业技能培养需要设计国学经典诵读大赛等课赛融合模式开展教学，实现人才培养的"教、学、养、用"一体化目标。

四、课程基本目标

（一）知识目标

（1）能说出国学的基本概念、特质及在当代的价值。
（2）掌握儒家思想的发展脉络、主要典籍及代表人物。
（3）理解儒家思想的主要旨趣，熟读《大学》《论语》等儒家经典。
（4）知道道家思想的代表人物和经典著作。
（5）了解道家关于宇宙、人生的核心思想，熟读《道德经》。
（6）了解佛家的基本知识及其中国化的历程。
（7）理解佛家智慧的内涵。

（二）能力目标

（1）能养成正本清源读原典的学习习惯。
（2）具备自主学习和探究中国传统思想中的主要概念和思想内涵的能力。
（3）具备良好的语言表达及沟通能力。
（4）具备反省自我身心状况的能力。
（5）能自觉将中华优秀传统文化与社会主义核心价值观相结合，对社会现象具有较准确的分析和判断能力。

（三）素质目标

（1）具有完善人格修养的意识，能自觉运用国学经典智慧解决现实生活中的困惑。
（2）自觉在日常生活中践行中华优秀传统美德。
（3）具有一定的审美和人文素养，形成一项传统技艺爱好。
（4）具有传承、弘扬中华优秀传统文化的责任感和使命感。

（四）职业技能证书考核要求

"国学精粹"课程为公共基础课，无职业技能证书要求。

五、先修或后继课程

"国学精粹"为公共基础课程，无其他先修或后继课程。

六、教学内容及学时安排

（一）课程主要内容说明

课程针对高职学生中存在的缺乏生活目标、缺乏健康的生活态度、缺乏处理日常生活问题的能力、缺乏良好的行为规范、缺乏职业道德意识、缺乏高雅的兴趣和爱好等问题，在博大的中华优秀传统文化体系中提炼"精粹"，采用"理论点拨""生活体验""社会实践"体用一如、生动活泼的教学内容与方式，以"国学与人生智慧"为主线，设计与高职学生人格完善与素养提升密切相关的理论与实践教学模块，其中理论教学内容 26 学时、实践教学内容 10 学时。理论教学包括绪论、儒家的人生智慧、道家的人生智慧、佛家的人生智慧等四个单元，具体设计为知理、守礼、明德、知耻、立志、好学、孝亲、诚信、敬业、自然、归根、无为、空性、智慧、慈悲等教学模块（每个模块 1~2 学时），可根据不同专业特点选择使用。理论教学从学理明礼、知理守礼出发，让学生养成规则意识与良好的行为习惯，进一步引导学生明确道德底线，树立远大志向，践行中华孝道，诚实守信做人，学会调整身心，体悟处世智慧，学习修身为本、德技并修之道。实践教学可根据具体情形，通过雅艺体验、文化调研、综合项目实践等模块（每个模块 2 学时）完成，引导学生以艺养德，实践修身。

（二）课程组织安排说明

针对高职学生理论素养弱、实践欲望强、乐意参与互动的学习特点，凸显传统文化知行合一的特质，构建理论精粹与国学体验相结合的理实一体的课堂教学模式。理论模块设计"持敬守礼—吟唱雅乐—修身正坐—经典探究—经典智慧—雅艺实践—行为检测"七步教学法，通过课前自学、课中训练、课后巩固等环节实施教学，注重学生职业素养和职业道德养成；实践模块以传统的礼教、乐教和诗教为核心，让学生在高雅的国学实践中体味传统文化，以修养身心、陶冶情操。

1. 理论教学环节设计

理论教学环节

教学环节	时长（分钟）
持敬守礼	1
吟唱雅乐	2
修身正坐	2
经典探究	30
经典智慧	30
雅艺实践	10
行为检测	5

说明：各环节时长可根据具体情况调整。

2. 实践教学环节设计

实践教学采取项目制方式完成，具体项目可包括以下几种：

（1）体验类项目。在校内国学教育实训室进行雅艺体验，通过对茶艺、书法、古筝、古琴、礼仪等传统实践项目的体验，加深对传统文化的理解和认同。

（2）调研类项目。去校外国学教育实践基地或回到自己家乡，调研并体验地域文化，通过对当地历史、风俗、名物、典故的学习，加深对地域文化的理解和认同。

（3）活动类项目。参与国学教育实践活动，包括传统文化普及活动、传统礼仪节日活动、传统文化校际交流活动等，让学生在活动中受到潜移默化的教育。

（4）竞赛类项目。参与传统文化类比赛，如国学经典诵读大赛、书法临摹大赛等，通过竞赛引导学生体验传统技艺和工匠精神。

（5）服务类项目。为社区或企业进行传统文化服务，如参加社区义教、义演活动，担任社区居民或企业的传统文化"小老师"。教育学生通过学习传统文化提升自己的人格修养，懂得感恩他人，积极服务社会。

（6）综合类项目。通过团队合作，要求学生将在日常生活中发现的"国学"以拍摄视频、团体表演等形式表现出来，通过任务的设置激发学生的积极性，使学生主动参与到课程学习的思考、总结、提升的过程中来。

其中体验类项目和综合类项目为学生必选项，其他类项目为学生自选项。

（三）课程教学内容

教学模式	模块名称	教学目标	教学内容	学时
理论教学	知理	知识目标：能说出国学的由来与内涵，并能准确理解国学的特质与价值。 能力目标：能运用国学学习方法制订课程学习计划。 素质目标：认同传统文化，增强文化自信。	国学的内涵、意义与学习方法。	2
理论教学	守礼	知识目标：能说出礼的概念与内涵，并准确理解礼的精神与价值。 能力目标：能在日常生活中思考、分析和运用礼仪规范。 素质目标：树立持敬守礼意识，养成守礼行为习惯。	礼的起源、内涵与精神，冠礼的内涵及实践。	2
理论教学	明德	知识目标：能简要叙述儒家仁学思想的逻辑内涵。 能力目标：能有意识地运用儒家仁学思想待人、接物、处世。 素质目标：养成自我反省的习惯，自觉将儒家明德精神内化为自身的思想品德和职业素养。	儒家思想发展的历史脉络与精神实质，"明明德"的修身内涵。	2
理论教学	知耻	知识目标：能简述儒家耻观思想。 能力目标：能运用儒家耻观反省自己，具有一定的反思和分析能力。 素质目标：树立正确的价值观、职业观，具备改过迁善的素养。	耻的内涵、"行己有耻"，知耻而后勇。	2

续表

教学模式	模块名称	教学目标	教学内容	学时
理论教学	立志	知识目标：能简述儒家关于"立志"的思想内涵。 能力目标：能根据自身志向制定每个阶段的短期目标，将远大理想与每一阶段的短期目标相结合。 素质目标：树立修身志向，确立远大理想与精神追求。	儒家"志"的定义；职业与志业的区别；儒者立志的不同层面。	1
	好学	知识目标：能简述儒家为学之道在于提升内在生命觉悟的深层含义；熟悉儒家治学修身的基本门径。 能力目标：能有意识地运用儒家治学修身的方法提高学习效率、提升个人修养。 素质目标：唤起"学而不厌"的好学精神，形成自觉修身治学的良好习惯。	"学"的内涵以及修身治学的基本门径。	1
	孝亲	知识目标：能简述"孝"的含义与儒家孝亲的思想内涵。 能力目标：能运用孝亲思想处理好与父母的关系。 素质目标：树立孝亲意识，懂得如何尊重和感恩父母。	孝亲的内涵：以父母之心为心；孝亲的要求：养亲、敬亲、安亲、顺亲。	2
	诚信	知识目标：能说出儒家"诚信"的含义。 能力目标：能运用儒家诚信观点分析与本专业相关的企业案例，辨别现实生活中"诚信"与"不诚信"的行为。 素质目标：养成"内诚于心、外信于人"的言行习惯，学会将儒家诚信精神内化为自身的思想品德和职业素养。	诚、信的含义与思想；儒家诚信思想的现代意义。	1
	敬业	知识目标：准确理解敬业思想的内涵。 能力目标：能挖掘本专业对应岗位需要的敬业表现与应避免的不敬业行为。 素质目标：树立敬业乐群的价值观，养成专业对应岗位需要的职业素养。	儒家敬业思想核心内涵；挖掘岗位敬业表现，树立良好的职业道德。	1
	自然	知识目标：了解道家的代表人物和经典著作，理解"自然"的思想内涵。 能力目标：能用道家关于"自然"的精神追求指导自己的生活实践。 素质目标：能反省自己的身心状况，树立健康的价值观。	了解道家基本思想，顺自然之道调节身心。	2
	归根	知识目标：了解道家所说的"根""真""朴"的意思以及"返朴归真"的思想内涵。 能力目标：尝试用道家"返朴归真"的修养功夫来探寻和归守自己自然朴素的心性。 素质目标：使学生通过返璞归真的修养而变得更为淡定、朴实、自然。	"归根"的含义、道家的修行原则。	2

续表

教学模式	模块名称	教学目标	教学内容	学时
理论教学	无为	知识目标：了解道家回归自然本性和本真状态的思想。 能力目标：能够处理个人与自然的关系，以自然、真实的态度做人。 素质目标：具备一定的自制力，养成善良纯真的品德。	体悟道家修身方法，学习修身处世智慧。	
	空性	知识目标：能复述佛家的"缘起"与"空性"概念的基本内涵，并能区分错误的空性见解。 能力目标：能运用正确的空性见解观察和处理学习、生活中的问题。 素质目标：形成对世界、自我的正确认识，减少对"自我"与"外物"的执着。	了解佛家空性的准确内涵，消除对佛家空性思想的误解。	2
	智慧	知识目标：能准确理解"空性""智慧"等核心概念与思想内涵。 能力目标：能观照和调适自己的身心，并运用空性智慧处理学习、生活中的问题。 素质目标：具备一定的反思意识，能初步体悟空性的智慧。	智慧的含义；获得智慧的方法。	2
	慈悲	知识目标：了解和掌握慈悲的基本思想与精神内涵。 能力目标：能用慈悲的态度面对生活中的人、事、物。 素质目标：具备关怀他人、帮助他人的慈悲意识。	慈悲的含义；如何培养慈悲之心。	2
实践教学	雅艺体验	在校内国学实训室体验茶艺、书法、国乐等国艺。	体验传统修身项目，安顿浮躁心灵。	6
	文化调研	在校外国学实践基地体验地域文化或由学生介绍家乡文化。	了解地域文化，形成对地域文化的认同感。	2
	综合项目实践	学生分组讨论设计项目，将在日常生活中发现的"国学"以项目的形式表现出来。	任务驱动，学生主体，能力评价。	2
学时小计			理论模块	26
			实践模块	10
学时合计				36

说明：各模块可根据教学对象进行内容和学时调整。

七、教学方法

教学设计践行以学生为中心、以教师为主导的理念，引导学生自主学习和探究问题，启发学生拓展思维空间，督促学生力行知行合一。具体采用如下教学方法：

（1）任务驱动法。以经典学习、小组项目实践等任务为导向开展课程学习与考核评价，激发学生学习兴趣，引导学生自主学、善于学、喜欢学，达到乐学善用的教学效果。

（2）情境教学法。以实践任务驱动学生开展学习，设计日常生活中的不同情境，由学生分组领取项目，由老师指导在小组内分工和合作解决问题。

（3）启发式教学法。启发学生自主学习和分析传统经典，引导学生准确理解传统经典并运用经典智慧指导生活实践。

（4）案例教学法。结合传统故事、现代案例与学生生活实际进行案例教学，让学生理解传统经典的内涵及其在现实生活中的应用意义。

（5）自主探究法。课前布置任务，引导学生采用广东省精品资源共享课"国学精粹"以及国家职业教育专业教学资源库"四书五经导读"进行辅助教学。学生可以直接查看课程的课件、教学大纲、教学计划、思考问题、重点难点、参考文献、教学录像资料、各种国学资源等，学会在网上自主学习。课中老师发布探究任务，引导学生运用学习工具，自主探究解决问题。

（6）互动式讨论教学法。课中由老师引导，让学生充分发表自己对于课程论题的看法，引导学生学以致用，激发学生的学习兴趣，提高学生学习的积极性。通过互动式教学，使学生变被动学习为主动学习，培养学生的独立思考能力、语言表达能力和创新精神。

（7）小组合作法。将学生5～8人分成一个学习小组，充分发挥学习小组的功能和作用，通过团队协作共同完成项目实践任务或解决课堂探究问题。

八、教学评价建议

第一次课要求学生通过信息化教学平台完成课前测试题，用以了解该班学生对本课程前期把握的程度以及学生整体的学习状况，从而有利于对课程内容及时进行调整。其后通过教学环节设计、教学过程引领、过程、能力与素质的综合考核，完善对学生的教学评价。

评价考核方式包括：教师评价、学生自我评价以及学生相互评价。考核内容注重过程、能力和素质的综合考核，以过程性考核为主，包括学生日常修习情况、专项国学实践和期末素质测试等。其中过程性考核成绩占50%，参考学生在课程环节的课前学习情况、课堂表现以及课后作业完成情况给出；能力考核成绩占40%，根据学生的实践项目完成情况给出；素质考核成绩占10%，根据学生解决问题的实际能力给出。具体考核过程及评价指标如下。

（一）过程评价及考核（占比50%）

课前评价，根据学生探究情况开展学生互评和教师评价；课中评价，根据各环节学生小组探究任务完成情况开展小组互评与教师评价，考查学生对教学重点与教学难点的掌握情况；课后评价，结合学生任务完成情况开展教师评价。

（二）能力评价及考核（占比 40%）

为学生设计必选与自选等多个教学实践项目。

必选项目为两项：一是国学体验，以小组为单位进行琴棋书画茶的体验并由小组进行体验汇报，个人填写实践报告（占比 5%）；二是团队合作项目，要求学生将在日常生活中发现的"国学"以小组为单位编排主题案例、制作视频并在课堂上展演，主要考查：内容是否紧扣主题、思路是否清晰、是否传递正能量；小组成员是否相互配合、团队协作程度；视频制作或演出整体完成情况，考核成绩由他组评价及教师评价给出。

自选项目为一项，由学生在教师提供的项目清单中自由选择并实施，提交项目实践报告并在课堂上汇报项目收获。

（三）素质考核（占比 10%）

为学生设计模拟案例，给出需解决的具体问题，学生根据所学知识当堂解答，教师根据学生解决问题的能力和方案的可行性给出分数。

九、课程主讲教师和教学团队要求说明

（一）对主讲教师的要求

热爱中华优秀传统文化，有理想信念、道德情操和仁爱之心，具有坚定的文化认同、文化自信和文化自觉；具备文史哲等相关专业硕士研究生以上学历和学位，有扎实的传统文化理论功底，具备至少一项中国传统技艺爱好或专长；具备较强的信息化教学能力，能够开展课程教学改革和科学研究。

（二）对团队结构的要求

课程可发挥高职院校专兼职教师相结合的师资优势，整合高校专家、国艺人才、非遗大师等师资力量，构建跨界融合的师资团队。专任教师职称、年龄有梯队，专业结构合理，"双师"素质教师占专任教师比例达到 80% 以上；聘请传统艺术领域专家作为实践课任课或指导专家；邀请大师进校园，设立非遗大师工作室，作为课程实践基地。

十、课程教学环境和条件要求

（一）理论课教学环境和条件要求

配备黑（白）板、多媒体教学设备等；覆盖无线网络；配备交互式一体机。

（二）实践教学环境和条件要求

1. 茶艺室

配备黑（白）板、多媒体教学设备等；覆盖无线网络；配备茶艺训练桌椅、茶具、茶叶等茶艺体验用具及耗材。

2. 国乐室

配备黑（白）板、多媒体教学设备等；覆盖无线网络；配备古琴、古筝、二胡、笛箫等传统乐器体验用具及耗材。

3. 书画室

配备黑（白）板、多媒体教学设备等；覆盖无线网络；配备书法桌椅、毛笔、宣纸、墨汁等传统书画体验用具及耗材。

4. 棋艺室

配备黑（白）板、多媒体教学设备等；覆盖无线网络；配备桌椅、围棋、中国象棋等棋艺体验用具及耗材。

十一、教学资源的利用

（一）课程教材

《国学精粹》（第二版）："十二五"职业教育国家规划教材，宋婕主编，中国人民大学出版社 2018 年 4 月出版。

（二）参考书

（1）朱熹：《四书章句集注》，中华书局，2011 年出版。

（2）陈鼓应：《老子注译及评介》，中华书局，2015 年出版。

（3）陈鼓应：《庄子今注今译》，中华书局，2020 年出版。

（4）周振甫：《周易译注》，中华书局，2019 年出版。

（5）郭朋：《坛经校释》，中华书局，2012 年出版。

（6）钱穆：《国学概论》，商务印书馆，2021 年出版。

（7）冯达文、郭齐勇：《新编中国哲学史》，人民出版社，2004 年出版。

（8）郭齐勇：《中国古典哲学名著选读》，人民出版社，2005 年出版。

（9）牟宗三：《中国哲学十九讲》，上海古籍出版社，2005 年出版。

（10）柳诒徵：《中国文化史》，上海古籍出版社，2016 年出版。

（三）数字化教学资源

1. 国家职业教育专业教学资源库

"四书五经导读"资源库：http://jnzyk.36ve.com/。

2. 省级精品资源共享课"国学精粹"

https://mooc.icve.com.cn/course.html?cid=％E3％80％＆AGXG2331644。

3. 自媒体资源

微信公众号：guoxueyuan2006。

国学传习网：http://guoxue.gcp.edu.cn/。

职业院校中华优秀传统文化公共基础课程实训教学条件建设标准

1. 总则

为贯彻落实教育部《关于职业院校专业人才培养方案制订与实施工作的指导意见》（教职成〔2019〕13号）中关于将中华优秀传统文化课程列为必修课或限定选修课的文件精神，推动做好中华优秀传统文化公共基础课程实训教学条件建设工作，根据教育部《高等学校实验室工作规程》《高等学校仪器设备管理办法》相关规定，参考《职业院校专业实训教学条件建设标准》，结合广州城市职业学院国学实训室建设经验，特制定本标准。

1.1 适用范围

本标准适用于职业院校中华优秀传统文化公共基础课程校内实训教学场所及设备的建设，是达到人才培养目标应具备的基本实训教学条件要求。职业院校其他相关课程及有关培训机构可参照执行。

1.2 重要意义

遵循理实一体化教学、职业技能与文化素质并重的教育规律，根据知行合一论、生活教育论与知情意行协调发展德育论，针对职业院校学生的认知特点，在职业院校开展中华优秀传统文化公共基础课程应立足于将优秀传统文化的精髓与学生的人文修养和职业道德教育密切结合，通过经典教化和修身实践，将优秀传统文化精华落实到学生日常的行为举止当中，让学生切身体会到中华优秀传统文化是安顿精神生命的重要源泉。

在中华优秀传统文化公共基础课程理论教学的基础上开展实训教学，是将传统修身实践融入现代课堂的有效形式，有助于增强学生学习的积极性和参与度，提升学生人文素养和审美能力，促进工匠精神的培养，并对传统非遗技艺的传承与普及起到积极的推动作用。

1.3 实训教学总体目标

中华优秀传统文化实训教学的总体目标是结合中华优秀传统文化公共基础课程理论教学，引导学生体验琴、棋、书、画、诗、礼、茶等滋养身心的高雅艺术，加深学生对中华优秀传统文化的理解和感悟，从中学习古代圣贤关于修己以敬、安身立命的生命智慧，并将雅艺修身的行为习惯落实到生活实践之中。

1.4 实训项目设计思路

中华优秀传统文化博大精深，涵盖了众多艺术实践门类。在选取实训项目时应充分考虑实训项目在修身方面的实用性、实训项目与理论教学之间的关联度以及学校的实际情况。

1.4.1 基础技能实训项目

在实际条件允许的前提下，借鉴传统文化关于礼、乐、诗教的教化方式，建议以茶艺、国乐、经典吟诵、书画为必备的基础技能实训项目。其中茶艺、国乐、书画实训须在特定的实训教学场所开展。

1.4.1.1 茶艺实训

茶艺实训通过开展茶事礼仪、茶艺冲泡、形体塑造等趣味性、实用性强的实训内容，使学生端正外在仪表、唤起内心诚敬，是传统礼教寓教于乐的体现方式。

1.4.1.2 国乐实训

国乐实训通过古琴、古筝等民族器乐实训，使学生走进"琴瑟友之"的和乐世界，在金声玉振中畅发心中情志，是传统乐教致乐治心的现代传承。

1.4.1.3 经典吟诵、书画实训

经典吟诵、书画实训通过声情并茂、手眼并用的多感官联动，消除学生对传统经典、古汉字的陌生感和枯燥感，为学生开展经典诗文研读活动打下基础，是促进传统诗教在职业院校有效开展的实现方式。

1.4.2 拓展技能实训项目

在满足基础技能实训项目的基础上，可视实际情况开设家乡文化与非遗技艺体验、汉服体验等实训项目，配备相应的实训教学场所和仪器设备。

2. 实训教学场所要求

2.1 分类、面积与主要功能

实训教学场所按照实训教学内容来划分。实训场所面积应满足 40 人/班同时开展实训教学的要求。

表 1 实训教学场所分类、面积与主要功能

实训教学类别	实训场所名称	实训场所面积（m²）	主要功能 主要实训项目	主要功能 对应的主要课程（模块）
基础技能实训	茶艺室	140	（1）六大茶类辨析。 （2）茶叶冲泡技法。 （3）茶席设计。 （4）茶艺创新表演。 （5）茶叶评审。	（1）中华优秀传统文化必修课国学体验模块（茶艺体验）。 （2）茶艺选修课。
基础技能实训	国乐室	130	（1）古琴欣赏与演奏。 （2）古筝欣赏与演奏。 （3）笛箫欣赏与演奏。 （4）二胡欣赏与演奏。	（1）中华优秀传统文化必修课国学体验模块（国乐体验）。 （2）古琴选修课。 （3）古筝选修课。 （4）笛箫选修课。 （5）二胡选修课。

续表

实训教学类别	实训场所名称	实训场所面积（m²）	主要功能 主要实训项目	主要功能 对应的主要课程（模块）
基础技能实训	书画室	130	(1) 楷书基本技法。 (2) 行书基本技法。 (3) 篆书基本技法。 (4) 篆刻基本技法。 (5) 花鸟虫鱼技法。	(1) 中华优秀传统文化必修课国学体验模块（书画体验）。 (2) 楷书选修课。 (3) 行书选修课。 (4) 篆刻选修课。 (5) 国画选修课。
基础技能实训	国学阅览室	100	(1) 经典诵读。 (2) 国学类书籍、杂志借阅（课余）。	(1) 中华优秀传统文化必修课国学体验模块（吟诵体验）。 (2) 经典诵读选修课。
拓展技能实训	国学特藏室	150	(1) 传统汉服、礼器观摩。 (2) 影印版古籍阅览（课余）。	(1) 中华优秀传统文化必修课国学体验模块（汉服体验）。 (2) 中华传统礼仪选修课。
拓展技能实训	家乡文化与非遗技艺体验室	130	(1) 家乡文化与非遗技艺展示。 (2) 非遗手工品制作。	(1) 中华优秀传统文化必修课家乡文化体验模块（家乡文化体验）。 (2) 非遗赏析选修课。

注：A. 基础技能实训室可结合师资、场地、资源等实际情况，在原有实训项目基础上增加其他雅艺实训项目，如茶艺室可增设香道、棋艺实训，国乐室可增设其他器乐实训。

B. 建议将古琴演奏作为国乐室的基础实训项目，其他器乐实训项目可根据实际情况作增减处理。

C. 拓展技能实训室可根据院校实际情况选择性设置，亦可共享在一个空间内，但共享实训场所面积应不小于200m²。

2.2 采光

2.2.1 采光应符合 GB 50033—2013 的有关规定。

2.2.2 采光设计应注意光的方向性，应避免对工作产生遮挡、不利的阴影和强光直接照射。

2.2.3 需要识别颜色的场所（包括茶艺室、书画室），应采用不改变自然光光色的采光材料。

2.3 照明

2.3.1 照明应符合 GB 50034—2013 的有关规定。

2.3.2 当自然光线不足时，应配置人工照明，人工照明光源应选择接近自然光色温的光源。

2.3.3 实训室的照明应根据教学内容对识别物体颜色的要求和场所特点，选择相应显色指数的光源，一般显色指数不低于 Ra80。

2.3.4 照度不足时应增加局部补充照明，补充照明不应产生有害眩光。

2.4 通风

通风应符合 GB 50016—2014 和工业企业通风的有关要求。

2.5 防火

2.5.1 应符合 GB 50016—2014 有关厂房、仓库防火的规定。

2.5.2 应配置消防设备，配备醒目标志，并设置防火安全通道，保持出口畅通。

2.6 安全与卫生

2.6.1 卫生应符合 GBZ 1—2010 和 GB/T 12801—2008 的有关要求。安全标志应符合 GB 2893—2008 和 GB 2894—2008 的有关要求。

2.6.2 消防安全标志应符合 GB 13495.1—2015 的有关要求。

2.6.3 实训室应保持接通水源、电源，运输和消防道路畅通。

2.7 网络环境

2.7.1 实训室应具备访问互联网的条件，网络环境应保证实训教学软件及设备的正常运行。

2.7.2 须构建有安全保护的 WiFi 环境，方便实现网络技术支持下的作业、答疑等教学活动。

3. 实训教学设备要求

配备的仪器设备产品质量应符合相关的国家标准或行业标准，并具有相应的质量保证证明。

各种仪器设备的安装使用都应符合有关国家或行业标准，接地应符合 GB/T 16895.3—2017 的要求。

需接入电源的仪器设备，应满足国家电网规定的接入要求，电压额定值为交流 380V（三相）或 220V（单相），并应具备过流、漏电保护功能；需要插接线的，插接线应绝缘且通电部位无外露。

具有执行机构的各类仪器设备，应具备急停功能，紧急状况可切断电源、气源、压力，并令设备动作停止。

茶艺室室内或室外应具备完善的供水、排水设施。书画室应具备或靠近完善的供水、排水设施。

表 2　茶艺室设备要求

序号	名称	主要功能和设备要求	单位	数量	执行标准或质量要求	备注
1	主茶台	主要功能： 用于教师讲解示范茶艺冲泡技艺。 设备要求： （1）一桌一椅。 （2）实木制作，明代风格为佳。 （3）体积不宜过大，方便移动。	套	1		教师用。

续表

序号	名称	主要功能和设备要求	单位	数量	执行标准或质量要求	备注
2	茶艺训练台	主要功能： 用于学生开展茶艺冲泡实训。 设备要求： (1) 一桌四椅。 (2) 实木制作，明代风格为佳。 (3) 体积不宜过大，方便移动。	套	10		每4名学生一组用一套。
3	白瓷茶具套装	主要功能： 用于基本冲泡技巧训练。 设备要求： (1) 盖碗1个。 (2) 闻香杯4个。 (3) 品茗杯4个。 (4) 水方1个。 (5) 公道杯1个。 (6) 茶隔1个。 (7) 佛手1个。 (8) 茶荷1个。 (9) 茶巾1条。 (10) 茶船1个，实木，长方形，抽屉式。 (11) 茶道六君子1套，实木。 (12) 托盘1个，实木。	套	11		易碎品，可多备几套。
4	紫砂功夫茶具套装	主要功能： 用于潮汕功夫茶冲泡技巧教学、实训。 设备要求： (1) 茶盘1个。 (2) 西施壶1个。 (3) 品茗杯4个。	套	11		易碎品，可多备几套。
5	玻璃水杯	主要功能： 用于绿茶冲泡技巧教学、实训。 设备要求： (1) 无色透明。 (2) 耐高温。 (3) 高度大于15cm。	个	41		易碎品，可多备几个。

续表

序号	名称	主要功能和设备要求	单位	数量	执行标准或质量要求	备注
6	电热随手泡	主要功能： 用于煮沸泡茶用水。 设备要求： (1) 额定电压：220V。 (2) 额定功率：1 000W。 (3) 额定频率：50Hz。 (4) 额定容量：0.8L。 (5) 自动断电。 (6) 壶身采用304♯不锈钢。	个	22	GB 4806.9	每个茶台配2个。
7	茶叶审评套装	主要功能： 用于茶叶审评教学、实训。 设备要求： (1) 白瓷审评杯1个。 (2) 白瓷审评碗1个。 (3) 白瓷茶勺1个。	套	41		根据实际情况选择性配置。
8	茶叶储存罐	主要功能： 储存实训用茶叶。 设备要求： (1) 紫砂手工制作。 (2) 建议尺寸：高度28cm、直径23.5cm、口径21.5cm。	个	20		数量可根据实际情况配置。
9	茶样展示罐	主要功能： 展示不同种类的茶叶样品。 设备要求： (1) 透明玻璃瓶身。 (2) 密封、防潮。 (3) 建议尺寸：高度6.5cm、瓶底直径6.5cm、容量120mL。	个	30		数量可根据实际情况配置。
10	红木储物柜（架）	主要功能： 放置实训茶具、耗材。 设备要求： 实木制作，明代风格为佳。	个	7		尺寸、数量根据实际情况配置。

续表

序号	名称	主要功能和设备要求	单位	数量	执行标准或质量要求	备注
11	计算机	主要功能： 教师课程教学用。 设备要求： （1）CPU：≥2.1GHz。 （2）内存：≥4GB。 （3）硬盘：≥500GB。 （4）显卡：显存≥2GB。 （5）网卡：≥1个，百兆。 （6）支持网络同传和硬盘保护。 （7）带光驱。	台	1	GB/T 9813.1—2016 GB/T 9813.2—2016	教学辅助设备。
12	多媒体中控台	主要功能： 为使教师授课声音传送、课室控制达到理想效果所必需的综合控制台。 设备要求： （1）主要功能扩展及外接设备接口包含但不限于 VG、VIDEO、立体声、话筒、网络、USB、电源接口等，支持台式电脑、手提电脑、数字展台输入。 （2）功放。 （3）音响。 （4）麦克风。	套	1	JY/T 0383—2007 JY/T 0001—2003	教学辅助设备。
13	投影仪	主要功能： （1）清晰投放教师授课内容。 （2）具有"冻屏"功能。 设备要求： （1）光通量：≥3 500流明。 （2）对比度：≥5 000∶1。 （3）物理分辨率：≥1 280×720。	台	1	GB/T 28037—2011 JY/T 0373—2004	教学辅助设备，可根据实际情况从"13＋14"或15中选择一种。
14	投影幕	主要功能： 与投影仪配合获得理想的投影效果。 设备要求： 100英寸或以上。	个	1	GB/T 13982—2011	教学辅助设备，可根据实际情况从"13＋14"或15中选择一种。

续表

序号	名称	主要功能和设备要求	单位	数量	执行标准或质量要求	备注
15	交互式电子白板	主要功能： 硬件电子感应白板和软件白板操作系统的集成，能够实现使用者与系统之间的信息交流。 设备要求： (1) 媒体互动、配件互动、智慧教学、智能管理。 (2) 能够打开、编辑、存储交互式电子白板数字资源的通用文件。 (3) 55英寸或以上。	台	1	JY/T 0614—2017 JY/T 0615—2017	教学辅助设备，可根据实际情况从"13+14"或15中选择一种。

注：除上述设备外，应根据实际实训人数购置茶叶（耗材）。

表3　国乐室设备要求

序号	名称	主要功能和设备要求	单位	数量	执行标准或质量要求	备注
1	古琴	主要功能： 用于古琴演奏技巧教学、实训。 设备要求： (1) 杉木手工制作。 (2) 音色、音准符合演奏要求。	台	21		教师用1台。学生2人共用1台（若条件允许，可配置为学生每人1台）。
2	古琴桌椅	主要功能： 用于古琴演奏技巧教学、实训。 设备要求： (1) 教师用一桌一椅。 (2) 学生用一桌两椅。 (3) 红木手工制作，明代风格为佳。	套	21		若条件允许，可配置为学生每人1套。
3	古筝	主要功能： 古筝演奏技巧教学、实训。 设备要求： (1) 红木手工制作。 (2) 音色、音准符合演奏要求。	台	21		教师用1台。学生2人共用1台（若条件允许，可配置为学生每人1台）。
4	古筝架	主要功能： 放置古筝。 设备要求： 红木制作。	对	21		每台古筝用1对。

续表

序号	名称	主要功能和设备要求	单位	数量	执行标准或质量要求	备注
5	古筝凳	主要功能： 古筝演奏技巧教学、实训。 设备要求： 红木制作。	个	41		
6	谱架	主要功能： 放置弹奏用乐谱。 设备要求： (1) 黑色烤漆，铁质。 (2) 可调节80~140cm。 (3) 承重5kg。	个	21		
7	笛子	主要功能： 用于笛子演奏教学、实训。 设备要求： (1) 手工竹制。 (2) 音色、音准符合演奏要求。	支	41		根据实际情况选择性配置。
8	洞箫	主要功能： 用于洞箫演奏教学、实训。 设备要求： (1) 手工竹制。 (2) 音色、音准符合演奏要求。	支	41		根据实际情况选择性配置。
9	二胡	主要功能： 用于二胡演奏教学、实训。 设备要求： (1) 手工木制。 (2) 音色、音准符合演奏要求。	把	41		根据实际情况选择性配置。
10	红木储物柜（架）	主要功能： 放置实训用具、耗材。 设备要求： 实木制作，明清风格为佳。	个	6		尺寸、数量根据实际情况配置。
11	计算机	主要功能： 教师课程教学用。 设备要求： (1) CPU：$\geq$2.1GHz。 (2) 内存：$\geq$4GB。 (3) 硬盘：$\geq$500GB。 (4) 显卡：显存$\geq$2GB。 (5) 网卡：$\geq$1个，百兆。 (6) 支持网络同传和硬盘保护。 (7) 带光驱。	台	1	GB/T 9813.1—2016 GB/T 9813.2—2016	教学辅助设备。

续表

序号	名称	主要功能和设备要求	单位	数量	执行标准或质量要求	备注
12	多媒体中控台	**主要功能：** 为使教师授课声音传送、课室控制达到理想效果所必需的综合控制台。 **设备要求：** (1) 主要功能扩展及外接设备接口包含但不限于 VG、VIDEO、立体声、话筒、网络、USB、电源接口等，支持台式电脑、手提电脑、数字展台输入。 (2) 功放。 (3) 音响。 (4) 麦克风。	套	1	JY/T 0383—2007 JY/T 0001—2003	教学辅助设备。
13	投影仪	**主要功能：** (1) 清晰投放教师授课内容。 (2) 具有"冻屏"功能。 **设备要求：** (1) 光通量：≥3 500 流明。 (2) 对比度：≥5 000∶1。 (3) 物理分辨率：≥1 280×720。	台	1	GB/T 28037—2011 JY/T 0373—2004	教学辅助设备，可根据实际情况从"13＋14"或 15 中选择一种。
14	投影幕	**主要功能：** 与投影仪配合获得理想的投影效果。 **设备要求：** 100 英寸或以上。	个	1	GB/T 13982—2011	教学辅助设备，可根据实际情况从"13＋14"或 15 中选择一种。
15	交互式电子白板	**主要功能：** 硬件电子感应白板和软件白板操作系统的集成，能够实现使用者与系统之间的信息交流。 **设备要求：** (1) 媒体互动、配件互动、智慧教学、智能管理。 (2) 能够打开、编辑、存储交互式电子白板数字资源的通用文件。 (3) 55 英寸或以上。	台	1	JY/T 0614—2017 JY/T 0615—2017	教学辅助设备，可根据实际情况从"13＋14"或 15 中选择一种。

注：除上述设备外，应根据情况购置琴弦、古筝指甲、笛膜、笛膜胶等耗材。

表4 书画室设备要求

序号	名称	主要功能和设备要求	单位	数量	执行标准或质量要求	备注
1	书画实训桌椅	主要功能： 用于开展书画实训。 设备要求： (1) 红木制作，明代风格为佳。 (2) 一桌六椅。	套	7		尺寸、数量根据实际情况配置。
2	陶瓷笔洗	主要功能： 用于盛水。 设备要求： (1) 青花瓷。 (2) 建议尺寸：高度5.5cm、直径16cm。	个	14		每桌配置2个。
3	陶瓷笔搁	主要功能： 用于搁置毛笔。 设备要求： (1) 青花瓷。 (2) 六架。	个	14		每桌配置2个。
4	陶瓷笔筒	主要功能： 放置毛笔。 设备要求： 青花瓷。	个	7		每桌配置1个。
5	毛笔	主要功能： 用于书法、绘画。 设备要求： (1) 中楷。 (2) 兼毫。	支	41		根据实际情况增加配置数量。
6	墨碟	主要功能： 放置墨汁。 设备要求： (1) 白瓷。 (2) 直径12cm。	个	21		学生每2人共用一个。
7	调色碟	主要功能： 用于国画颜料调色。 设备要求： (1) 陶瓷，梅花形，10格。 (2) 建议尺寸：直径15cm。	个	21		学生每2人共用一个。
8	美工刀	主要功能： 用于裁切宣纸。 设备要求： 刀片可更换。	把	7		

续表

序号	名称	主要功能和设备要求	单位	数量	执行标准或质量要求	备注
9	篆刻用具	**主要功能：** 用于篆刻教学、实训。 **设备要求：** （1）篆刻刀1把，硬质合金，平刀，8mm。 （2）印床1件，松木，可夹持5～30mm印面的印石。 （3）磨盘1件，金刚砂，6寸。 （4）描线笔1支。	套	41		根据实际情况选择性配置。
10	红木储物柜（架）	**主要功能：** 放置实训用具、耗材。 **设备要求：** 实木制作，明清风格为佳。	个	5		尺寸、数量根据实际情况配置。
11	计算机	**主要功能：** 教师课程教学用。 **设备要求：** （1）CPU：≥2.1GHz。 （2）内存：≥4GB。 （3）硬盘：≥500GB。 （4）显卡：显存≥2GB。 （5）网卡：≥1个，百兆。 （6）支持网络同传和硬盘保护。 （7）带光驱。	台	1	GB/T 9813.1—2016 GB/T 9813.2—2016	教学辅助设备。
12	多媒体中控台	**主要功能：** 为使教师授课声音传送、课室控制达到理想效果所必需的综合控制台。 **设备要求：** （1）主要功能扩展及外接设备接口包含但不限于VG、VIDEO、立体声、话筒、网络、USB、电源接口等，支持台式电脑、手提电脑、数字展台输入。 （2）功放。 （3）音响。 （4）麦克风。	套	1	JY/T 0383—2007 JY/T 0001—2003	教学辅助设备。

续表

序号	名称	主要功能和设备要求	单位	数量	执行标准或质量要求	备注
13	投影仪	主要功能： (1) 清晰投放教师授课内容。 (2) 具有"冻屏"功能。 设备要求： (1) 光通量：≥3 500 流明。 (2) 对比度：≥5 000∶1。 (3) 物理分辨率：≥1 280×720。	台	1	GB/T 28037—2011 JY/T 0373—2004	教学辅助设备，可根据实际情况从"13＋14"或15中选择一种。
14	投影幕	主要功能： 与投影仪配合获得理想的投影效果。 设备要求： 100 英寸或以上。	个	1	GB/T 13982—2011	教学辅助设备，可根据实际情况从"13＋14"或15中选择一种。
15	交互式电子白板	主要功能： 硬件电子感应白板和软件白板操作系统的集成，能够实现使用者与系统之间的信息交流。 设备要求： (1) 媒体互动、配件互动、智慧教学、智能管理等。 (2) 能够打开、编辑、存储交互式电子白板数字资源的通用文件。 (3) 55 英寸或以上。	台	1	JY/T 0614—2017 JY/T 0615—2017	教学辅助设备，可根据实际情况从"13＋14"或15中选择一种。
16	实物展台	主要功能： 教师进行书画笔法技巧示范并投射至屏幕之上。 设备要求： (1) 像素：500 万像素。 (2) 清晰度：1 000TV 线。 (3) 对焦/白平衡：自动/手动。 (4) 主要接口：VGA＼USB＼HDMI。	台	1		教学辅助设备。
17	支架式磁性白板	主要功能： 教师进行板书或书画笔法技巧示范。 设备要求： 建议尺寸：180cm×90cm。	块	1		教学辅助设备。

注：除上述设备外，应根据情况购置墨汁、宣纸、国画颜料、书画毛毡、印石等耗材。

表5　国学阅览室设备要求

序号	名称	主要功能和设备要求	单位	数量	执行标准或质量要求	备注
1	阅览桌椅（蒲团）	主要功能： 用于阅览图书、杂志。 设备要求： (1) 红木制作，明代风格为佳。 (2) 一桌两椅，椅子可用蒲团代替。	套	21		尺寸、数量根据实际情况配置。
2	书架	主要功能： 用于放置国学类书籍。 设备要求： (1) 红木制作，明代风格为佳。 (2) 上层书架，下层储物柜。	个	10		尺寸、数量根据实际情况配置。
3	杂志架	主要功能： 用于放置国学类杂志。 设备要求： 红木制作，明代风格为佳。	个	2		尺寸、数量根据实际情况配置。
4	国学类书刊	主要功能： 供学生研读、借阅。 设备要求： 国学普及类书籍、刊物。	册	500		数量根据实际情况配置。
5	计算机	主要功能： (1) 教师课程教学用。 (2) 图书借阅登记系统平台。 设备要求： (1) CPU：≥2.1。 (2) 内存：≥4GB。 (3) 硬盘：≥500GB。 (4) 显卡：显存≥2GB。 (5) 网卡：≥1个，百兆。 (6) 支持网络同传和硬盘保护。 (7) 带光驱。	台	1	GB/T 9813.1—2016 GB/T 9813.2—2016	教学辅助设备。
6	多媒体中控台	主要功能： 为使教师授课声音传送、课室控制达到理想效果所必需的综合控制台。 设备要求： (1) 主要功能扩展及外接设备接口包含但不限于VG、VIDEO、立体声、话筒、网络、USB、电源接口等，支持台式电脑、手提电脑、数字展台输入。 (2) 功放。 (3) 音响。 (4) 麦克风。	套	1	JY/T 0383—2007 JY/T 0001—2003	教学辅助设备。

续表

序号	名称	主要功能和设备要求	单位	数量	执行标准或质量要求	备注
7	投影仪	主要功能： (1) 清晰投放教师授课内容。 (2) 具有"冻屏"功能。 设备要求： (1) 光通量：≥3 500 流明。 (2) 对比度：≥5 000∶1。 (3) 物理分辨率：≥1 280×720。	台	1	GB/T 28037—2011 JY/T 0373—2004	教学辅助设备，可根据实际情况从"7＋8"或 9 中选择一种。
8	投影幕	主要功能： 与投影仪配合获得理想的投影效果。 设备要求： 100 英寸或以上。	个	1	GB/T 13982—2011	教学辅助设备，可根据实际情况从"7＋8"或 9 中选择一种。
9	交互式电子白板	主要功能： 硬件电子感应白板和软件白板操作系统的集成，能够实现使用者与系统之间的信息交流。 设备要求： (1) 媒体互动、配件互动、智慧教学、智能管理。 (2) 能够打开、编辑、存储交互式电子白板数字资源的通用文件。 (3) 55 英寸或以上。	台	1	JY/T 0614—2017 JY/T 0615—2017	教学辅助设备，可根据实际情况从"7＋8"或 9 中选择一种。

表 6 国学特藏室设备要求

序号	名称	主要功能和设备要求	单位	数量	执行标准或质量要求	备注
1	阅览桌椅	主要功能： 用于阅览馆藏古籍。 设备要求： (1) 红木制作，明代风格为佳。 (2) 一桌十椅。	套	2		供阅览用；尺寸、数量根据实际情况配置。
2	双面书架	主要功能： 用于放置国学类书籍。 设备要求： 红木制作，明代风格为佳。	个	18		尺寸、数量根据实际情况配置。

续表

序号	名称	主要功能和设备要求	单位	数量	执行标准或质量要求	备注
3	仿古礼器陈列柜	主要功能： 陈列古代冠礼、婚礼、释奠礼等礼器。 设备要求： （1）红木制作，明代风格为佳。 （2）上层展示柜，下层储物柜。	个	2		尺寸、数量根据实际情况配置。
4	汉服储藏柜	主要功能： 储藏汉服。 设备要求： 红木制作，明代风格为佳。	个	2		尺寸、数量根据实际情况配置。
5	影印类古籍	主要功能： 供学生本室内阅览。 设备要求： 《四库全书》等影印类古籍。	册	2 000		数量根据实际情况配置。
6	计算机	主要功能： 实训室管理办公用。 设备要求： （1）CPU：≥2.1GHz。 （2）内存：≥4GB。 （3）硬盘：≥500GB。 （4）显卡：显存≥2GB。 （5）网卡：≥1个，百兆。 （6）支持网络同传和硬盘保护。 （7）带光驱。	台	1	GB/T 9813.1—2016 GB/T 9813.2—2016	辅助设备。
7	交互式电子白板	主要功能： 硬件电子感应白板和软件白板操作系统的集成，能够实现使用者与系统之间的信息交流，供小组研讨使用。 设备要求： （1）媒体互动、配件互动、智慧教学、智能管理。 （2）能够打开、编辑、存储交互式电子白板数字资源的通用文件。 （3）55英寸或以上。	台	1	JY/T 0614—2017 JY/T 0615—2017	辅助设备，可根据实际情况选择性配置。

注：除上述设备外，应根据情况购置适量汉服、仿古传统礼器等。

表7 家乡文化与非遗技艺体验室设备要求

序号	名称	主要功能和设备要求	单位	数量	执行标准或质量要求	备注
1	红木桌椅	主要功能： 用于开展课程实训。 设备要求： （1）红木制作，明代风格为佳。 （2）一桌四椅。	套	11		尺寸、数量根据实际情况配置。
2	红木储物柜	主要功能： （1）放置实训用具、耗材。 （2）展示非遗手工制品。 设备要求： （1）红木制作，明清风格为佳。 （2）上层展示柜，下层储物柜。	个	3		尺寸、数量根据实际情况配置。
3	计算机	主要功能： 教师课程教学用。 设备要求： （1）CPU：≥2.1GHz。 （2）内存：≥4GB。 （3）硬盘：≥500GB。 （4）显卡：显存≥2GB。 （5）网卡：≥1个，百兆。 （6）支持网络同传和硬盘保护。 （7）带光驱。	台	1	GB/T 9813.1—2016 GB/T 9813.2—2016	教学辅助设备。
4	多媒体中控台	主要功能： 为使教师授课声音传送、课室控制达到理想效果所必需的综合控制台。 设备要求： （1）主要功能扩展及外接设备接口，包含但不限于VG、VIDEO、立体声、话筒、网络、USB、电源接口等，支持台式电脑、手提电脑、数字展台输入。 （2）功放。 （3）音响。 （4）麦克风。	套	1	JY/T 0383—2007 JY/T 0001—2003	教学辅助设备。
5	投影仪	主要功能： （1）清晰投放教师授课内容。 （2）具有"冻屏"功能。 设备要求： （1）光通量：≥3 500流明。 （2）对比度：≥5 000∶1。 （3）物理分辨率：≥1 280×720。	台	1	GB/T 28037—2011 JY/T 0373—2004	教学辅助设备，可根据实际情况从"5+6"或7中选择一种。

续表

序号	名称	主要功能和设备要求	单位	数量	执行标准或质量要求	备注
6	投影幕	**主要功能：** 与投影仪配合获得理想的投影效果。 **设备要求：** 100英寸或以上。	个	1	GB/T 13982—2011	教学辅助设备，可根据实际情况从"5＋6"或7中选择一种。
7	交互式电子白板	**主要功能：** 硬件电子感应白板和软件白板操作系统的集成，能够实现使用者与系统之间的信息交流。 **设备要求：** （1）媒体互动、配件互动、智慧教学、智能管理。 （2）能够打开、编辑、存储交互式电子白板数字资源的通用文件。 （3）55英寸或以上。	台	1	JY/T 0614—2017 JY/T 0615—2017	教学辅助设备，可根据实际情况从"5＋6"或7中选择一种。

注：除上述设备外，应根据情况购置家乡文化与非遗技艺体验项目所需用的实训用具、耗材、KT展示板等。

4. 实训教学管理与实施

4.1 建立健全实训室和实训教学设备管理制度，规范仪器设备采购、使用、维护、报废等运行环节

4.1.1 实训设备的使用、维护、报废应由专人管理。设备使用人员要经过培训后方可独立操作。

4.1.2 实训设备在使用过程中必须加强维护和保养，定期检查校正，确保仪器设备处于正常的工作状态。

4.1.3 实训场所仪器设备采购、使用、维护、报损和报废管理，按《高等学校仪器设备管理办法》《高等学校物资工作的若干规定》等有关法规、规章执行。

4.1.4 实训场所仪器设备的材料、低值易耗品等物资的管理，按《高等学校材料、低值易耗品管理办法》《高等学校物资工作的若干规定》等有关法规、规章执行。

4.2 配备相应职称的专/兼职管理人员并明确相应的岗位职责，定期培训和考核

建立健全实训岗位责任制，实行分级管理。实训室配备专/兼职管理人员、指导教师等，人员配置合理，职责分工明确。要定期对实训室工作人员的工作量和水平进行考核。

4.3 制定安全教育制度并贯穿于日常实训教学中

4.3.1 学生实训安全教育工作实行学校、系部、教师三级负责制。

4.3.2 实训室管理应遵守消防法规，执行"以预防为主、防消结合"的消防工作方针。

4.3.3 实训室应有明确的消防安全责任人，履行消防安全职责，保障消防安全。

4.3.4 实训场所要定期检查防火、防盗、防事故等方面安全措施的落实情况。将安全教育融入实训项目教学中，并定期对参与实训的人员进行安全教育，保障人身和财产安全。

4.4 制定实训教学突发事件应急预案

4.4.1 正确辨认和评估实训场所存在的潜在危险、可能事故类型、过程、后果及影响程度，制定实训教学突发事件应急预案。

4.4.2 对应急预案进行定期演练，做好突发性事件发生时的应急处理工作。

4.5 鼓励结合学校实际，建设多种形式的实训环境，实施理实一体化教学

4.5.1 合理设计实训空间，营造浓厚的中华优秀传统文化氛围，提升学生人文素养。

4.5.2 在实训教学中结合中华优秀传统文化关于"守礼""敬业""乐业"的思想开展职业道德教育，加深学生对工匠精神的感悟，形成良好的职业素养。

4.5.3 实训室在保证完成教学科研任务的前提下，积极开展社会服务、技术交流活动。

5. 规范性引用文件

GB 50033—2013　建筑采光设计标准

GB 50034—2013　建筑照明设计标准

GB 50016—2014　建筑设计防火规范

GB 2893—2008　安全色

GB 2894—2008　安全标志及其使用导则

GB 13495.1—2015　消防安全标志　第1部分：标志

GB 4806.9—2016　食品安全国家标准　食品接触用金属材料及制品

GBZ 1—2010　工业企业设计卫生标准

GB/T 12801—2008　生产过程安全卫生要求总则

GB/T 16895.3—2017　低压电气装置　第5~54部分：电气设备的选择和安装

GB/T 9813.1—2016　计算机通用规范　第1部分：台式微型计算机

GB/T 9813.2—2016　计算机通用规范　第2部分：便携式微型计算机

GB/T 28037—2011　信息技术　投影机通用规范

GB/T 13982—2011　反射和透射放映银幕

JY/T 0383—2007　多媒体设备集中控制系统

JY/T 0001—2003　教学仪器设备产品一般质量要求

JY/T 0373—2004　教学用液晶投影机

JY/T 0614—2017　交互式电子白板　教学功能

JY/T 0615—2017　交互式电子白板　教学资源通用文件格式

6. 参考文献

中华人民共和国教育部 . 关于职业院校专业人才培养方案制订与实施工作的指导意见 . 2019.

中华人民共和国教育部 . 高等学校实验室工作规程 . 1992.

中华人民共和国教育部 . 高等学校仪器设备管理办法 . 2000.

附件：实训室设计布局样例（广州城市职业学院国学实训室）

1. 茶艺室

实训室功能：茶艺实训、香道实训。

主要实训课程："国学精粹""茶艺理论与实践""香茶雅叙"。

附表1　茶艺室实训项目一览表

项目名称	实训内容
茶艺实训	六大茶类辨析
	茶叶冲泡技法
	茶席设计
	茶艺创新表演
	茶叶评审
香道实训	香篆、香丸、香囊制作
	闻香品鉴

附图1　茶艺室实景

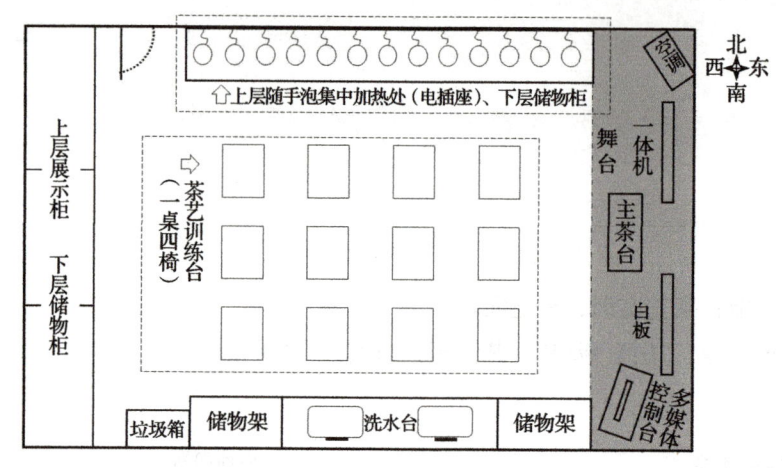

附图 2　茶艺室空间设计示意图（俯视）

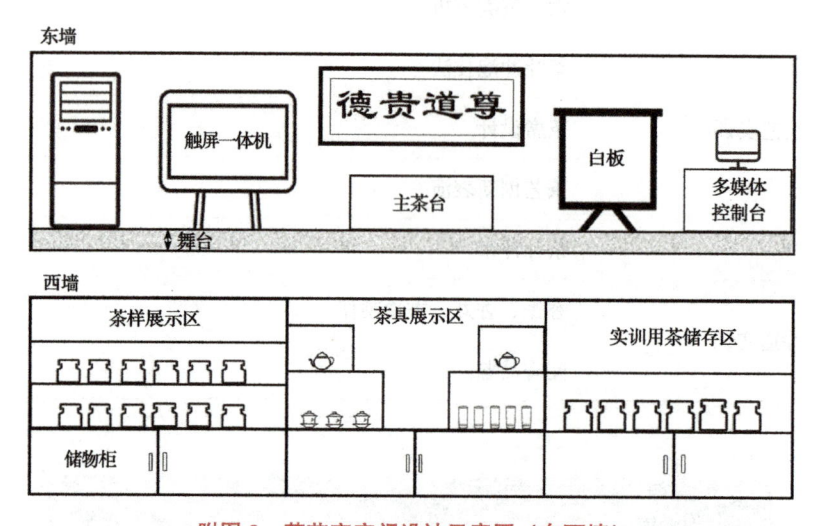

附图 3　茶艺室空间设计示意图（东西墙）

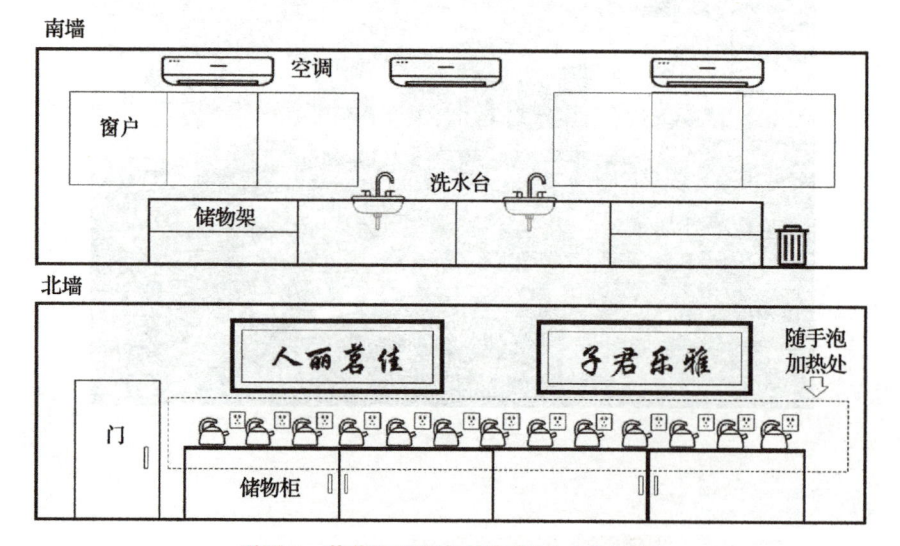

附图 4　茶艺室空间设计示意图（南北墙）

2. 国乐室

实训室功能： 中国传统器乐实训。

主要实训课程： "国学精粹""古琴艺术理论与实践""古筝艺术理论与实践""箫笛演奏艺术实践""二胡基本演奏实践"。

附表 2　国乐实训项目一览表

项目名称	实训内容
中国传统器乐实训	古琴演奏
	古筝演奏
	箫演奏
	笛子演奏
	二胡演奏

附图 5　国乐室实景

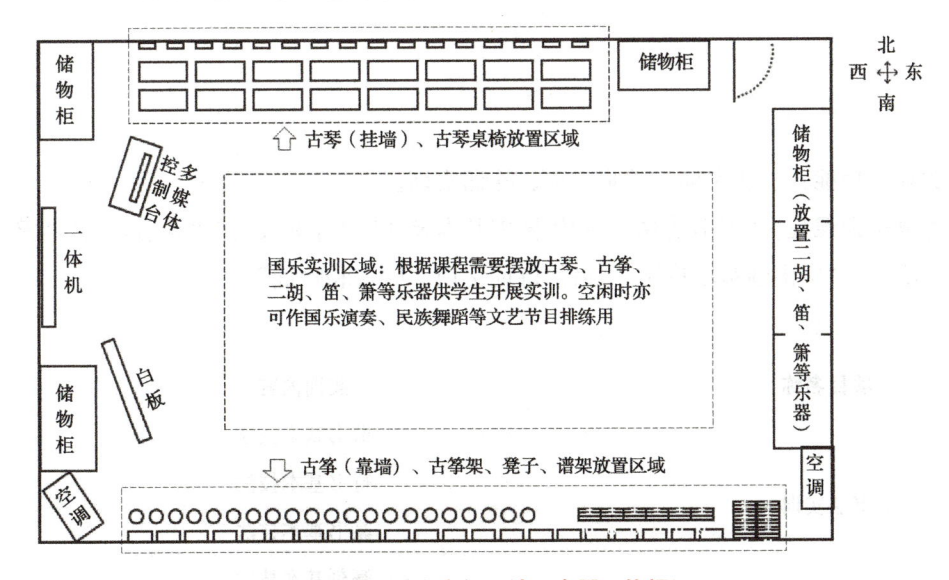

附图 6　国乐室空间设计示意图（俯视）

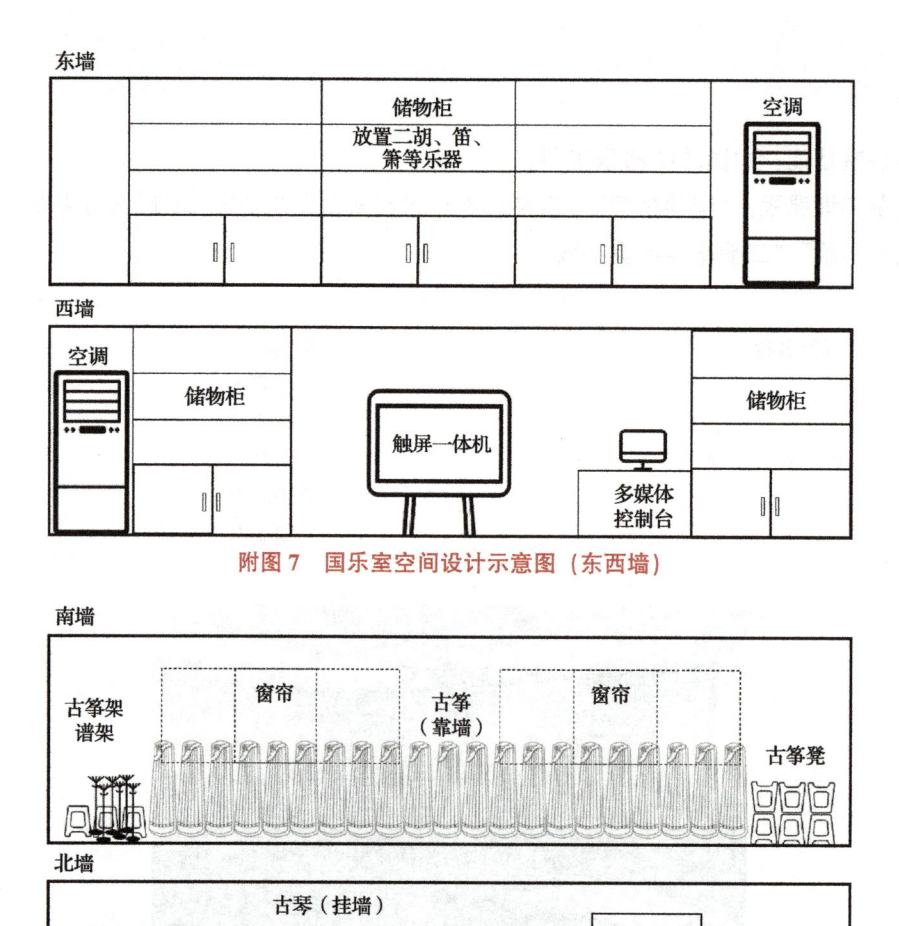

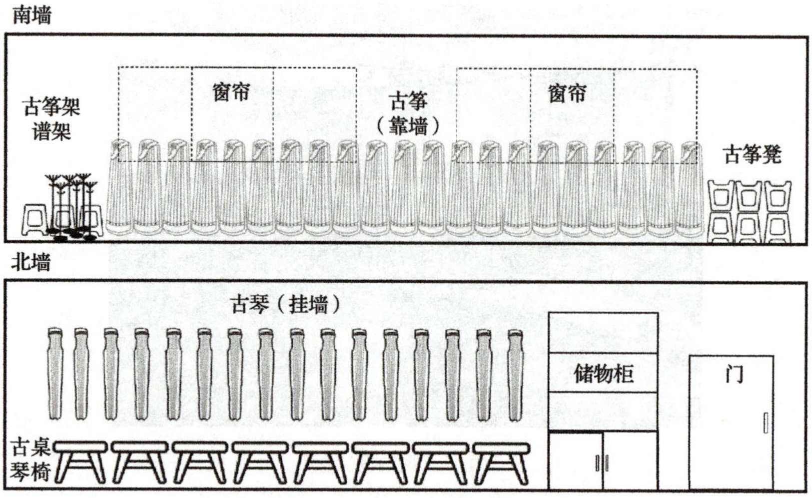

附图7 国乐室空间设计示意图（东西墙）

附图8 国乐室空间设计示意图（南北墙）

3. 经典诵读中心暨岭南书画室

实训室功能：书法实训、国画实训、吟诵实训。

主要实训课程："国学精粹""欧体楷书基本笔法""行书入门""篆书入门""篆刻的欣赏与临习""中国画基本技法""格律诗词常识、欣赏和吟诵"。

附表3 经典诵读中心暨岭南书画室实训项目一览表

项目名称	实训内容
书法实训	楷书基本技法
	行书基本技法
	篆书基本技法
	篆刻基本技法

续表

项目名称	实训内容
国画实训	花鸟虫鱼技法
吟诵实训	诗词吟诵

附图 9　经典诵读中心暨岭南书画室实景

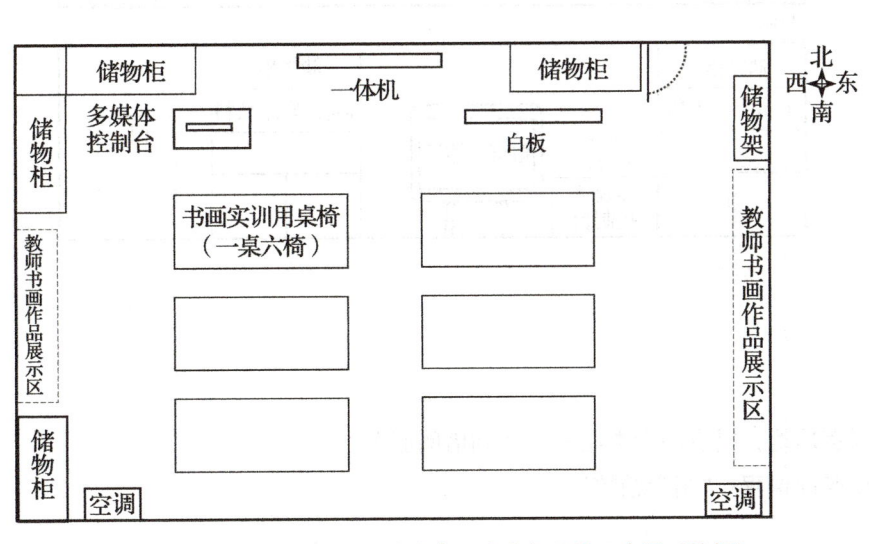

附图 10　经典诵读中心暨岭南书画室空间设计示意图（俯视）

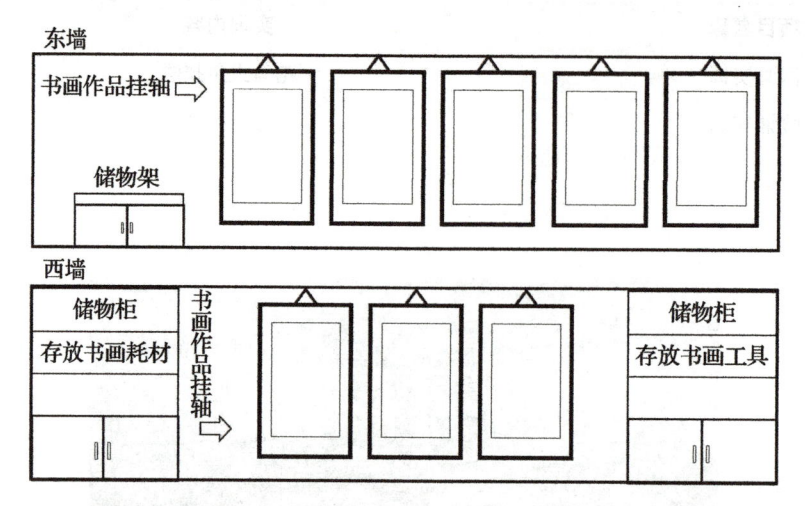

附图11　经典诵读中心暨岭南书画室空间设计示意图（东西墙）

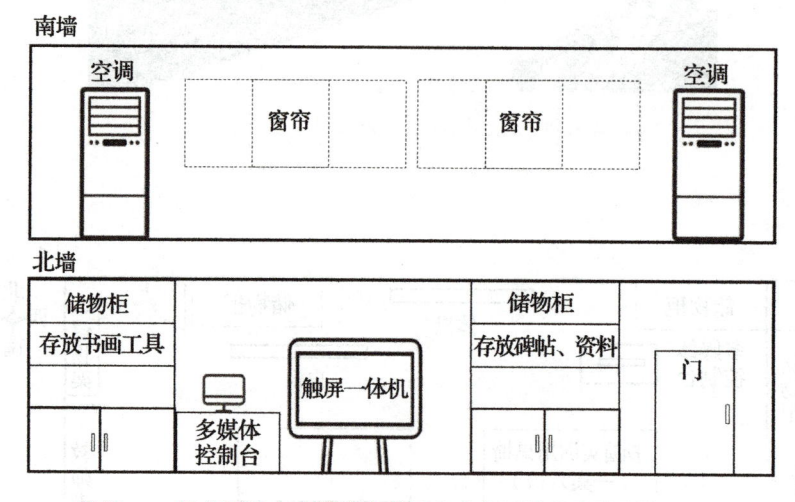

附图12　经典诵读中心暨岭南书画室空间设计示意图（南北墙）

4. 国学阅览室

实训室功能：提供国学类图书、期刊借阅服务。

主要实训课程："国学精粹"。

附表4　国学阅览室实训项目一览表

项目名称	实训内容
国学精粹	国学类图书、期刊借阅
	经典诵读

附图 13　国学阅览室实景

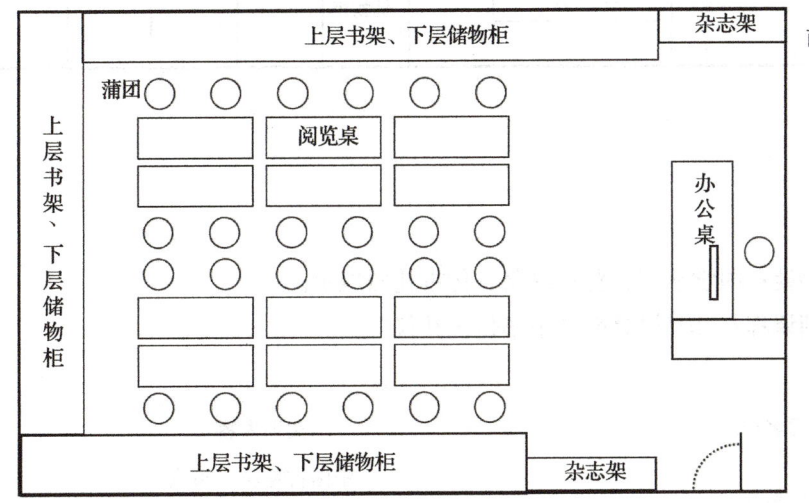

附图 14　国学阅览室空间设计示意图（俯视）

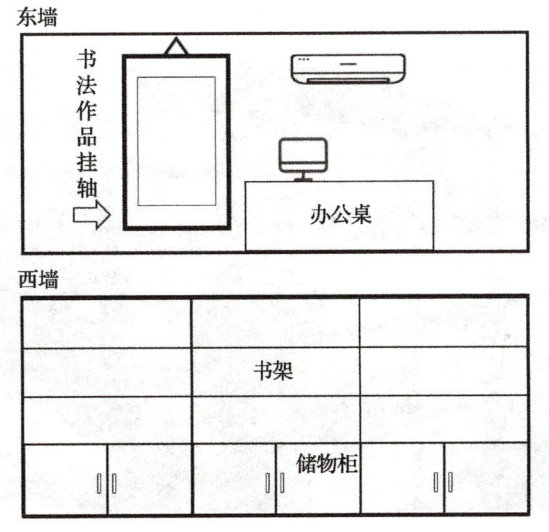

附图 15　国学阅览室空间设计示意图（东西墙）

南墙

北墙

附图 16　国学阅览室空间设计示意图（南北墙）

5. 国学特藏室

实训室功能：国学丛书阅览；汉服、仿古礼器展示。
主要实训课程："国学精粹""中华传统礼仪"。

附表 5　国学特藏室实训项目一览表

项目名称	实训内容
国学精粹	中国古籍丛书阅览
	经典诵读
中华传统礼仪	传统汉服、礼器观摩

附图 17　国学特藏室实景

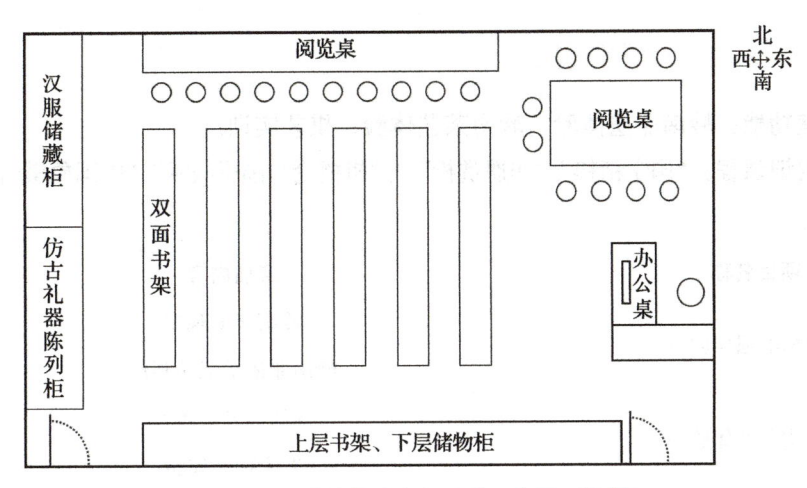

附图 18　国学特藏室空间设计示意图（俯视）

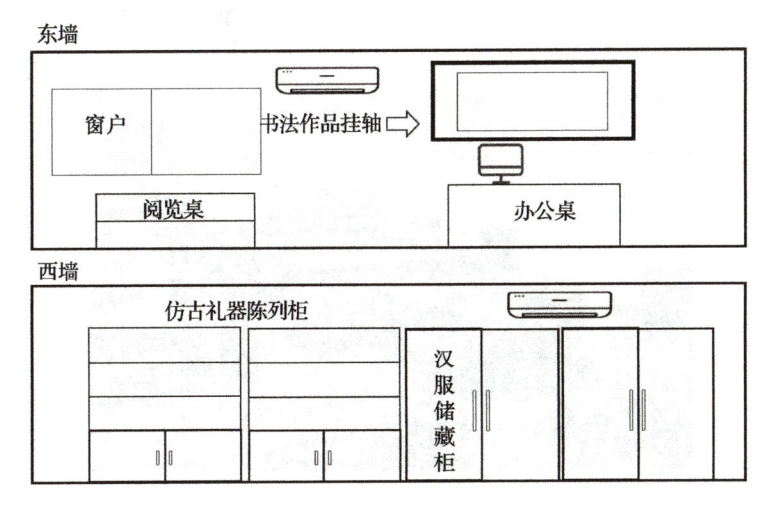

附图 19　国学特藏室空间设计示意图（东西墙）

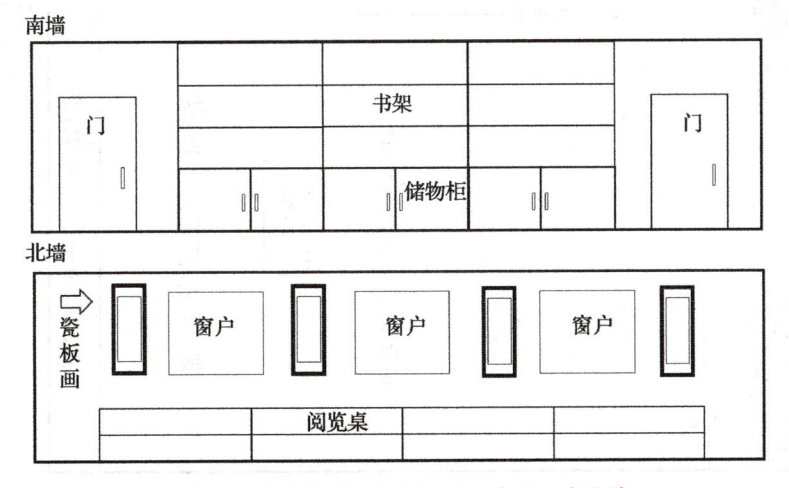

附图 20　国学特藏室空间设计示意图（南北墙）

6. 广州岭南文化传播研究中心

实训室功能：岭南非遗体验、岭南茶艺体验、棋艺实训。

主要实训课程："国学精粹""非遗赏析""围棋概论与围棋战术""中国象棋名局欣赏"。

附表 6　广州岭南文化传播研究中心实训项目一览表

项目名称	实训内容
岭南非遗体验	岭南非遗观摩
	岭南非遗手工品制作
岭南茶艺体验	潮汕工夫茶体验
	客家擂茶体验
棋艺实训	围棋
	象棋

附图 21　广州岭南文化传播研究中心实景

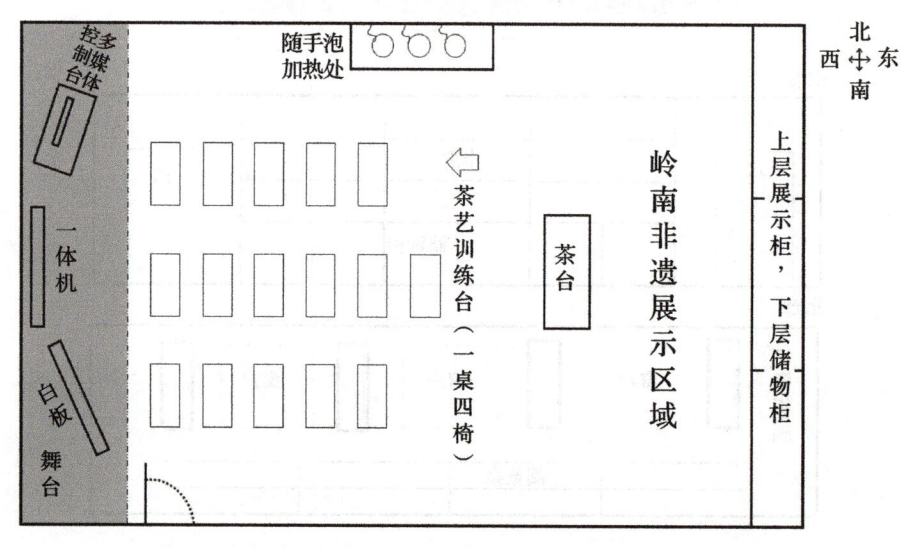

附图 22　广州岭南文化传播研究中心空间设计示意图（俯视）

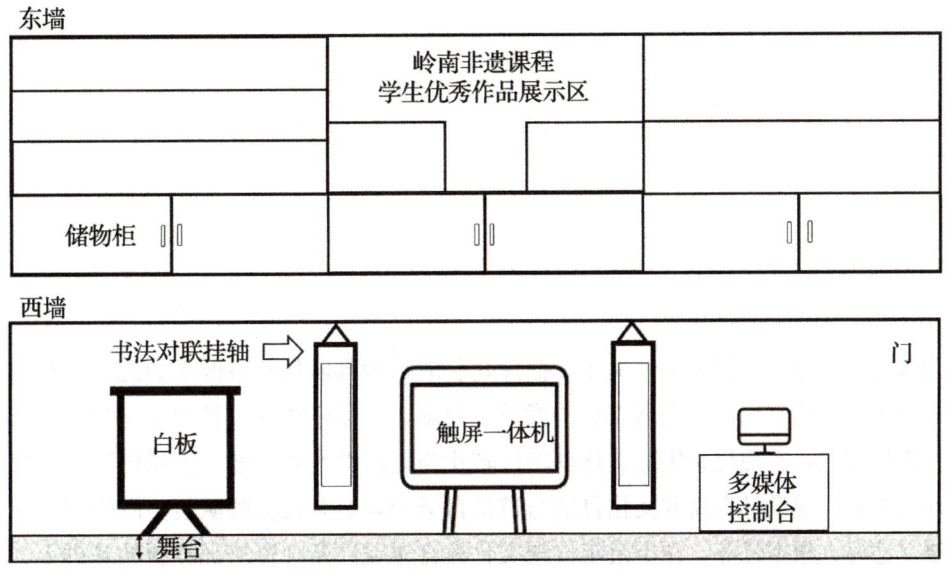

附图23　广州岭南文化传播研究中心空间设计示意图（东西墙）

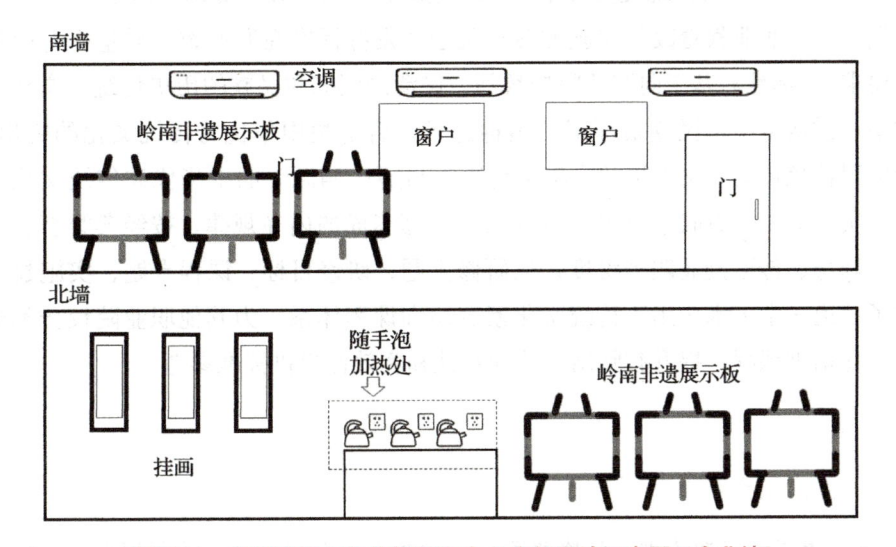

附图24　广州岭南文化传播研究中心空间设计示意图（南北墙）

职业院校教师中华优秀传统文化素养培训课程指导标准

一、前言

为落实中共中央、国务院《关于全面深化新时代教师队伍建设改革的意见》和《关于实施中华优秀传统文化传承发展工程的意见》要求，增强职业院校教师文化自信，弘扬中华优秀传统文化，实现优秀传统文化创造性转化与创新性发展，进一步深化职业教育教师队伍建设改革，建设具有高度文化自信与道德自觉的职业院校教师队伍，广州城市职业学院围绕立德树人根本任务，在十余年传统文化教育实践以及师资培训经验的基础上，制定《职业院校教师中华优秀传统文化素养培训课程指导标准》（以下简称《标准》）。

根据《国家职业教育改革实施方案》关于"发挥标准在职业教育质量提升中的基础作用"要求，《标准》基于向职业院校教师"讲清楚国家和民族的历史传统、文化积淀与基本国情；讲清楚中华民族最深沉的精神追求；讲清楚中华优秀传统文化的突出优势；讲清楚中国特色社会主义根植的中华文化沃土与历史渊源"的中华优秀传统文化素养提升与教学实践需要，着眼于教师生命成长和师德养成的内在规律，按经典智慧、进学致知、雅艺修身、传道授业四个维度，从研修主题、研修目标、课程专题、实施建议等方面构建了"道·学·术·用"传统文化素养培训课程体系，为其他职业院校分类分层设计传统文化培训课程、提升教师培训的针对性和实效性提供标准参考。

二、课程体系

（一）基本理念

《标准》秉承"经典为本、学修并重、思政融入、人文化成"的课程理念，按照"政治要强、情怀要深、思维要新、视野要广、自律要严、人格要正"的教师素养总体要求，遵循职业院校教师生命成长与师德养成规律，设置有针对性的培训课程，制定目标导向和实践导向相结合的培训内容。

（二）设计原则

（1）坚守中华文化立场，培养教师对中华优秀传统文化的坚定信念。

（2）回归中华经典，正本清源传承经典智慧。

（3）力践知行合一，创造性转化和运用经典智慧与修身方法。

（4）坚持中西融通，吸收当代职业教育学、心理学新理念和新成果，关注教师职业成长和身心调和。

（5）贯彻"四个讲清楚"要求，注重职业教育实践，引导教师遵循职业教育规律，践行以学生为中心、以教师为主导的教育理念。

（三）课程框架与课程内容

1. 课程框架

基于上述基本理念与设计原则，《标准》建构了"道·学·术·用"传统文化素养课程框架，将职业院校教师的价值引领（道）、知识重构（学）与自我提升（术）融为一体，最终落实于教学实践（用）。课程内容包括经典智慧、进学致知、雅艺修身、传道授业四大模块，共26个研修主题、258个课程专题。

中华优秀传统文化培训课程的框架内容与研修主题

课程框架	课程模块	研修主题
道（Value）——价值引领	经典智慧	国学概论
		《诗经》
		《尚书》
		三礼
		《周易》
		《春秋》
		《大学》
		《论语》
		《孟子》
		《中庸》
学（Knowledge）——知识重构	进学致知	国学与西学
		古典文学
		中国历史
		中国哲学
		古代科技
		传统医药
		地域文化
术（Capacity）——自我提升	雅艺修身	琴
		茶
		书
		画
		器
用（Practice）——教学实践	传道授业	国学与教育
		经典读书法
		课程设计与实施
		活动策划与实施

2. 课程内容

（1）经典智慧课程。

培训目标：

通过本课程的学习，引导教师深入领会"国学经典"的概念，树立正确的历史观、民族观、国家观和文化观，增强"四个自信"；掌握经典读书法，学会借助工具书阅读并准确理解《诗经》、《尚书》、三礼、《周易》、《春秋》、《大学》、《论语》、《孟子》、《中庸》等传统经典的内涵与精神实质；学会讲清楚中华民族最深沉的精神追求，认同中华文化是中华民族生生不息、发展壮大的丰厚滋养。

实施建议：

本课程在实施过程中应坚持"读原典，学原文"的原则，在正本清源理解原文字义与历史语境的基础上，通过反复、多次、长时研读经典原文，体悟其中所蕴含的思想精髓，尽量减少后人因解读与诠释所引起的误读与曲解。同时注重知行合一、躬身实践，将经典文本的内涵与精神实质融入教育实践和日常生活中，真正做到学为人师、行为世范。

经典智慧课程研修目标与课程专题设置表

研修主题	研修目标	课程专题
国学概论	引导教师深入领会"国学"的概念，从中华优秀传统文化中汲取智慧，树立正确的历史观、民族观、国家观和文化观，增强理论自信和文化自信；准确理解"国学"的内涵与当代价值，增强价值判断，推动教师成为中华优秀传统文化的明道者、信道者、传道者。	1-1-1　国学与人生 1-1-2　国学智慧与时代精神 1-1-3　国学与中华民族精神家园 1-1-4　国学与人格养成 1-1-5　孔孟儒学的生命智慧 1-1-6　儒家视野中的万物与自然 1-1-7　儒家修身养性之道 1-1-8　儒家人文教化的理论与实践 1-1-9　儒家民本思想的再认识 1-1-10　儒家政治哲学 1-1-11　作为儒家哲学的乐与忧 1-1-12　儒家孝道的前世今生 1-1-13　儒家礼乐精神的当代价值 1-1-14　老庄道家的人文价值 1-1-15　道教与人生 1-1-16　禅与人生智慧
《诗经》	了解"诗为六经之首"的历史背景与内涵；理解诗教在古代社会的价值与意义，了解由"诗"到"经"的经典化过程；学会发掘《诗经》的美学意义；掌握正确研读《诗经》的方法。	1-2-1　《诗经》导读 1-2-2　言意之辨与兴观群怨 1-2-3　《诗经》之始——《关雎》讲读 1-2-4　"宴尔新婚，如兄如弟"与儒家伦理 1-2-5　《诗经》中的政治讽刺诗——《小雅·正月》讲读 1-2-6　《诗经》中的祭祀诗——《大雅·文王》讲读 1-2-7　《诗经》里的名物 1-2-8　《诗经》里的声音 1-2-9　《诗经》里的色彩 1-2-10　《诗经》里的味道 1-2-11　诗教与自然：中国古典诗学的精神传统

续表

研修主题	研修目标	课程专题	
《尚书》	了解《尚书》的历史地位、传承情况、体例篇目；了解《尧典》关于尧舜建立天下秩序的原则、方式和过程；了解《洪范》"九畴"所蕴含的政治理念以及对后世的影响。	1-3-1 1-3-2 1-3-3 1-3-4	《尚书》概说 《尚书》敬用五事 《尧典》与天下秩序 《洪范》和释古
《周礼》《仪礼》《礼记》	理解中华传统礼仪的起源、文化内涵与历史意义，掌握传统礼仪的当代应用，提升个人礼仪修养。	1-4-1 1-4-2 1-4-3 1-4-4 1-4-5 1-4-6 1-4-7 1-4-8 1-4-9 1-4-10	中国古代礼仪文化理论与实践 日常生活礼仪 重要场合礼仪 中国古代的礼仪制度 中华传统礼仪之当下实践 中国古代的避讳文化 中华礼仪与人文素养 传统礼仪与社会角色 礼经的伦理义涵及其现代展开 《礼记·学记》导读
《周易》	了解《周易》的成书背景与思想价值，能借助工具书看懂《易》卦，掌握易卦启发的人生智慧。	1-5-1 1-5-2 1-5-3 1-5-4 1-5-5 1-5-6 1-5-7	《周易》概说 《易》卦及其智慧 《周易》及其思想价值 《周易》及其文化意义 《周易》的起源与内容 《周易》的目的和影响 《周易》的爻变
《春秋》	了解《春秋》与孔子的关系及《春秋》由史而经的过程；了解《公羊传》与《左传》的作者、流传、解经特点、核心思想，初步掌握儒家的道义观念和社会理想，明确孔子删述《春秋》的微言大义。	1-6-1 1-6-2 1-6-3 1-6-4 1-6-5 1-6-6 1-6-7	孔子与《春秋》 《春秋》与《公羊传》 《春秋》与《谷梁传》 《左传》的内容与思想 《春秋》的著史传统 《春秋》里的典故 《春秋》三传比义
《大学》	了解《大学》为人与治学的纲领和目标，掌握修身步骤的内涵与相互关系，理解"修身为本"的自我完善教育本质。	1-7-1 1-7-2 1-7-3 1-7-4 1-7-5 1-7-6	三纲领与八条目——儒家的政治哲学与士的修身次第 身心一体——儒家论"仁"大义 《大学》的基本精神与修身功夫 古本《大学》"诚意"章解读 从《大学》看人类教育的目的 何为"大人之学"

续表

研修主题	研修目标	课程专题
《论语》	结合孔子的教育实践，全面理解君子品质的特点、个体修身立德的方向，掌握孔子因材施教、学以致用的教育原则与方法，使之指导自身的教育实践。	1-8-1　孔子与仁学 1-8-2　《论语》中孔子的形象 1-8-3　孔子的精神升华历程 1-8-4　孔子的人生时教 1-8-5　《论语》之外的孔子 1-8-6　《论语》经典地位 1-8-7　《论语》的智慧 1-8-8　《论语》的修养功夫 1-8-9　《论语》的为师之道 1-8-10　《论语》中的学与乐 1-8-11　里仁为美：倾听孔子的美德箴言 1-8-12　明善诚心——《论语》论孝大义 1-8-13　编纂者的权利——以《论语》为例 1-8-14　徘徊于经济和文化之间的孔子：当代祭孔的形式与意义之争 1-8-15　伦理与法理的冲突与融合——由《论语》中的亲亲相隐说起
《孟子》	全面理解孟子的性善论，培养自身的浩然正气，学会运用孟子的智慧解决为人与治学中的实际问题。	1-9-1　孟子思想要旨及现代意义 1-9-2　孟子的性善论 1-9-3　《孟子》的修身功夫："知言养气"章解读 1-9-4　"学而优则仕"：一本难念的经 1-9-5　孟子与"救"的哲学 1-9-6　《为我、兼爱与利己、利他——孟子对于杨墨之道的批判》 1-9-7　知人论世·不尽信《书》 1-9-8　以意逆志——孟子对于读书的方法论建构 1-9-9　孟子王道思想对中国建构国际新秩序公共话语的启示
《中庸》	理解"中"、"庸"与"中和"的真正内涵，掌握《中庸》的功夫进路。	1-10-1　《中庸》导读 1-10-2　读《中庸》中和位育 1-10-3　由天至人——《中庸》首章研读 1-10-4　两条功夫进路——《中庸》"诚明"章研读 1-10-5　"诚"与"明"：内修外治的根本 1-10-6　"尊德性，道学问"的教育之道 1-10-7　"学、问、思、辨、行"的学教路径 1-10-8　上下与天地同流——《中庸》开显的圣境及其意义

（2）进学致知课程。

培训目标：

通过本课程的学习，引导教师了解传统经、史、子、集的内容与探求事物原理的方法；理解古圣先贤及传统士人的人生追求与生命成长路径，从文化自信的坚守与传承中明确个人生命成长的方向与意义；在探求真理的过程中讲清楚中华民族的历史传统与文化积淀，升华对中华优秀传统文化的认知与传承自觉。

实施建议：

本课程通过对古代文史哲课程及地域文化课程的学习，拓展教师的传统文化理论视野，为教师追本溯源探求事物原理提供方法与路径，让教师树立对地域文化的自豪感与认同感，提高对本土文化历史的认识与现代传承的信心。教师可以根据个人兴趣爱好与特长，选择课程深入学习，提升个人传统文化理论水平。在实施过程中，应重视传统精神与现代生活的对接，引导教师追本溯源，在历史语境中理解传统思想、审美、历史观念的产生与发展，在中西文化比较、古今文化观照的环境下，完成"进学"与"致知"的理论升华。

进学致知课程研修目标与课程专题设置表

研修主题	研修目标	课程专题	
国学与西学	引导教师从中西文明比较的角度，深刻理解中国文化的道德教育传统与文化精神实质，树立以东方道德价值观为根本的师德观。	2-1-1	"国学"与"西学"比较谈
		2-1-2	中国文化回顾与反思
		2-1-3	中国精神语境中的世界伦理问题
		2-1-4	驴象之争与美国文化——兼谈东西文化的差异
		2-1-5	"他者"的视角：从日本文化看中国传统文化
		2-1-6	不一样的心理学：中西方视角的比较
		2-1-7	中西制怒之道
古典文学	学会认识、欣赏古典文学中的诗、词、曲、小说等蕴含的传统艺术精神，通过古典文学作品涵养提升自身的审美能力。通过对古典诗歌创作、鉴赏与吟诵方法的学习，了解中国诗歌的特点，学会区别中国诗歌与西方诗歌审美范畴的异同，提高解读古典诗歌的能力，学会欣赏传统诗歌语言的韵律美、形式美与意境美。	2-2-1	古典文学与传统艺术精神
		2-2-2	怎样认识、欣赏中国古代文学
		2-2-3	生活与诗
		2-2-4	传统诗词离我们有多远
		2-2-5	诗词——历史的调味剂
		2-2-6	绝句法浅说——兼谈今天我们如何写诗
		2-2-7	格律诗词艺术风格的异同
		2-2-8	中国诗歌文化与对外传播
		2-2-9	中国古代的对联艺术
		2-2-10	唐诗宋词里的爱情世界
		2-2-11	宋词中的中国"情人节"
		2-2-12	语言与中国古代的韬略智慧
		2-2-13	《三国演义》现代启示：刘备为何能够开基立业
		2-2-14	《三国演义》的用人艺术
		2-2-15	《西游记》的结构层面与文化意蕴
		2-2-16	精神家园的建构与毁灭——《红楼梦》的悲剧精神
		2-2-17	《红楼梦》的理想世界
		2-2-18	昆曲《牡丹亭·游园》赏析
		2-2-19	叙事与中国文化传统
		2-2-20	畅谈陶渊明的精神世界
		2-2-21	魏晋南北朝文学简论
		2-2-22	宋代诗话中的士人形象
		2-2-23	诗人陈寅恪和他的时代
		2-2-24	用文学地理学的方法分析诗词的时空结构

续表

研修主题	研修目标	课程专题
中国历史	掌握中国古代的著史传统与正史的阅读方法，通过对民族形成与文化精神塑造历程的了解，理解中华民族形成过程中的历史人物、时代思想与发展进程。	2-3-1 《史记》与先秦思想中的生死观 2-3-2 中国传统文化中的"侠客" 2-3-3 漫说历史小说与历史剧 2-3-4 历史书写与帝制认同 2-3-5 战国秦汉简帛文化学研究 2-3-6 早期中国的国家形态 2-3-7 文明的密码：三千年前商代古都是如何发现的 2-3-8 中国文化地理与区域文化
中国哲学	理解"道"的内涵与道家对自然特性的珍视，学会客观看待万事万物的运动变化规律，学会运用道家哲学思维解决生活中的实际问题。了解庄子对道家观念的发展，理解庄子的个性与人生哲学，学会达观地处世与看问题。	2-4-1 道法自然——《老子》导读 2-4-2 道家哲学的辩证思维方式 2-4-3 道家对精神自由的发现与追求 2-4-4 中国古代环境伦理思想——道家的生态智慧 2-4-5 庄子的人生哲学及其现代启示 2-4-6 庄子的悟道历程 2-4-7 庄子的个性与人生哲学
古代科技	了解中国古代科学技术的发展进程，理解传统士人对"器"与"术"的探索与观念，掌握中国古代科学研究与技术发展的精神内涵。	2-5-1 葛洪与《抱朴子》 2-5-2 古代岭南地区的科技发展 2-5-3 《管子》：中国古代科技文化之宗 2-5-4 《墨子》里的工匠精神 2-5-5 沈括和他的《梦溪笔谈》 2-5-6 《龙眼谱》：岭南佳果的前世今生 2-5-7 明版《农政全书》的藏书旧事 2-5-8 珠三角基塘农业的起源与传承：从《广东新语》里看桑基鱼塘的发展 2-5-9 南海陈启沅：中国近代机械装备制造第一人
传统医药	通过对中医药文化与太极文化的学习，了解中国传统养生健体思想的哲学理念，掌握天人合一生命观与个人身体运动的契合，养成健康的饮食习惯与坚持锻炼的运动习惯。	2-6-1 中医药与中国传统文化 2-6-2 内经五运六气 2-6-3 中医药学导论 2-6-4 《黄帝内经》与大学生身心健康 2-6-5 素食的源流与21世纪文明饮食 2-6-6 走近传统中医药 2-6-7 中医脉法精髓 2-6-8 广东汤的起源与发展 2-6-9 二十四节气与传统养生之道 2-6-10 太极文化 2-6-11 走近中医 2-6-12 狗皮膏药医生从业指南——中医养生大师鉴别

续表

研修主题	研修目标	课程专题
地域文化	从历史文化的角度，选取本地域历史发展进程中的典型阶段、典型人物等，结合实地参访，探寻挖掘其中蕴含的具有鲜明地域特色的民族文化的根本精神与当代价值，帮助教师体悟文化背后的深厚底蕴，建立文化认同与民族自豪感。	2-7-1　新时期岭南文化的传承与创新 2-7-2　非物质文化遗产与岭南文化 2-7-3　龙母文化与粤港澳文化认同 2-7-4　佛教中国化在岭南 2-7-5　传承——关于民俗、民居、民画的思考 2-7-6　继承传统，以时而变——60年广府方言发展的文化观照 2-7-7　粤语流行歌曲中的粤语文化 2-7-8　南越王国与南越王墓 2-7-9　广州"海上丝路"文化遗址 2-7-10　广州的由来及文物古迹那些事儿 2-7-11　岭南戏剧的表演形态与存在方式 2-7-12　广东音乐箫笛演奏特点 2-7-13　当传统转身为时尚——岭南广府民间音乐多元风格特征解析 2-7-14　传统与现代建筑民俗的时空 2-7-15　广州文化名片——陈氏书院 2-7-16　千年禅圣——中国禅宗六祖惠能大智慧

(3) 雅艺修身课程。

培训目标：

通过本课程的学习，引导教师了解传统"六艺"的内容及对士人精神塑造的作用；掌握国艺对于个人身心修养与情操陶冶的意义与价值。在修身实践的过程中，升华生命质量与生活品质。

实施建议：

本课程主要为实践课程，通过古琴、传统音乐、书法、绘画、诗歌、茶艺、健体等课程的修习，为教师种下发现美、感受美、欣赏美和创造美的"种子"，用雅艺陶冶性情，提升个人审美情趣。在实施过程中，应重视现场氛围的营造，引导教师静下心来，在放松心态的环境下，完成"艺"与"美"的实践修习。

雅艺修身课程研修目标与课程专题设置表

研修主题	研修目标	课程专题
琴	通过琴学修身实践，理解传统文化君子修身之道，感悟由艺入道的基本路径。	3-1-1　古琴与人文 3-1-2　古琴与人的修养 3-1-3　古琴艺术与非物质文化遗产 3-1-4　古琴文化与操缦艺术 3-1-5　唐薛易简"琴诀"概说 3-1-6　艺术与人生

续表

研修主题	研修目标	课程专题
琴		3-1-7　音乐，从快感到幸福感 3-1-8　地北天南——艺术生涯与艺术创作 3-1-9　音乐：精神冥修的法门 3-1-10　藏族歌舞文化背后的文化 3-1-11　中国古筝概述及演奏技巧 3-1-12　筝乐文化欣赏 3-1-13　扬琴的历史发展与流派
茶	通过对中华茶道、茶俗、茶礼的学习与实践，了解传统茶文化的特点与饮茶方法，掌握茶叶冲泡技艺，培养茶艺美学与茶道礼仪，领会中华茶文化的魅力。	3-2-1　为什么要学茶 3-2-2　茶与国学 3-2-3　茶艺理论与实践 3-2-4　茶文化与饮茶健康 3-2-5　民族饮茶习俗漫谈 3-2-6　明清时期的茶文化 3-2-7　日本茶文化史
书	通过书法实践练习，了解中国书法的起源与发展历程，掌握各种书体的特征，学会欣赏中国传统汉字的形体美与内涵美。	3-3-1　书法欣赏漫谈 3-3-2　书道、文人书法 3-3-3　书法与心理调适 3-3-4　书法与生活艺术 3-3-5　永字八法 3-3-6　汉字与中国书法 3-3-7　楹联书法杂谈
画	通过绘画欣赏与实践练习，了解中国画的形式、流派与发展历程，掌握中国画的风格与审美趣味，学会欣赏中国绘画写意美背后的民族艺术审美观念。	3-4-1　如何欣赏中国画 3-4-2　对焦中国画 3-4-3　线的美感——中国画漫谈 3-4-4　山情水韵出自然 3-4-5　佛教造像的文化内涵 3-4-6　江山如画——画家眼里的大千世界 3-4-7　摄影美学中的"技"与"道" 3-4-8　有声画与无声诗
器	通过对古代"谓之器"的传统技艺的修习，了解传统技艺的起源、艺术形式与静心实践，领悟工匠精神的精髓。	3-5-1　行走的瓷 3-5-2　天下唯器——明清陶瓷述略 3-5-3　番禺茂德公草堂的陶瓷发展史 3-5-4　核雕艺术 3-5-5　玉雕工艺与设计 3-5-6　秦汉帝国与丝绸之路

(4) 传道授业课程。

培训目标：

通过本课程的学习，引导教师将经典智慧、进学致知、雅艺修身等课程内容运用于教育教学实践，理解传统文化中的经典教育智慧，学会国学类活动与国学类课程的策划与实施方法，掌握经典智慧的现代教育意义，理解经典及雅艺对于涵养师德的重要作用，推动教师在日常教育教学活动中，透彻领会经典中"言传身教""有教无类""因材施教"的教育观念，自觉运用圣贤君子人格养成的智慧去滋养学生生命，呵护学生成长。

实施建议：

本课程属实践课程，在实施过程中，建议将专题内容与教师传统文化素养自我诊断与教学运用能力诊断结果相结合，因校制宜，可根据不同学校教师的情况与需求设定具体课程目标，做到分类分层培训，特别注重知行合一、躬身实践，不拘泥于培训专题内容，以个性化教学设计、活动方案、课堂教学、活动实施等为教学运用的主要载体，围绕职业教育教学各环节开发课程专题。

传道授业课程研修目标与课程专题设置表

研修主题	研修目标	课程专题
国学与教育	通过传统教育思想以"人"为本的精神内核，引导教师从国学经典中领悟生命的意义、教育的本质；通过对教师角色的反思，重构对职业教育的认知，明确新时代职业院校教师的角色与定位、个人生命成长的方向与路径。	4-1-1 经典教育的现代意义 4-1-2 孔子与中国教育 4-1-3 中华优秀传统文化与教师师德涵养 4-1-4 国学教育的理念与实践 4-1-5 从《大学》看人类教育的目的 4-1-6 由《论语》看孔子的教育教学思想及其现代意义 4-1-7 一个海归理工博士的国学探索 4-1-8 《论语》加算盘式的管理智慧 4-1-9 当代大学生如何践行孝道 4-1-10 "训诂哲学"与经典研究 4-1-11 信而好古——作为古典教育范例的孔子和《论语》 4-1-12 教师的传统智慧沟通艺术
经典读书法	引导教师正本清源，掌握国学经典的阅读方法；坚持"学原文、悟原理"，准确理解和把握经典文本的思想内涵与价值追求，掌握经典学习方法。	4-2-1 中国式读书法——吟诵 4-2-2 老先生之吟诵 4-2-3 中学吟诵与教学分享 4-2-4 粤语吟诵 4-2-5 如何读《论语》 4-2-6 被误读误会的儒家 4-2-7 中国古代的吟唱与弦歌 4-2-8 字里乾坤——汉字里的中国文化精神 4-2-9 漫谈古籍 4-2-10 孟子对于读书方法论的建构

续表

研修主题	研修目标	课程专题
课程设计与实施	了解国学活动与课程对职业院校学生人格养成的独特价值；从教育学与课程教学论的角度，理解开设国学类相关课程对于职业院校学生培养的重要意义。	4-3-1　优秀传统文化教育政策解读与实践案例 4-3-2　国学智慧与语文教育 4-3-3　传统文化教育与专业融合 4-3-4　国学课程标准与培训方案解读 4-3-5　国学课程建设 4-3-6　书法与学校人文教育 4-3-7　中华茶道及其在职业教育的实践应用 4-3-8　香礼及其在职业教育的实践 4-3-9　传统音乐在职业院校中的传承与推广 4-3-10　茶礼及其在职业教育的实践 4-3-11　中华优秀传统文化必修课的设计与实施 4-3-12　传统文化与课程思政
活动策划与实施	掌握开设国学活动与课程的基本要求与途径；学会策划组织一次国学活动并讲授一次与本学科相融合的国学课程。	4-4-1　传统文化活动月的设计与过程指导 4-4-2　国学社团的组建与指导 4-4-3　二十四节气与国学活动设计 4-4-4　传统文化类公众号的运营与管理 4-4-5　非物质文化遗产保护周的活动设计与过程指导 4-4-6　非物质文化遗产传承与校园文化建设

三、实施建议

习近平总书记指出："传道者自己首先要明道、信道。高校教师要坚持教育者先受教育。"《标准》基于广州城市职业学院十余年中华优秀传统文化素养培训的经验与思考，结合习总书记"四个讲清楚"对职业院校教师中华优秀传统文化素养提升的导向与要求，突出了职业院校教师中华优秀传统文化素养培训的专业性与必要性。为方便各职业院校更好地因地、因校制宜，在教师培训中实施传统文化教育类培训项目，特提出以下建议。

（一）科学制订培训方案

实施过程中，可设计基于本校教师需求的中华优秀传统文化素养能力级差自我诊断问卷，在需求调查和能力诊断的基础上，研究制订满足本校或本区域教师发展需求的培训方案。培训方案应紧扣职业院校教师与学生的心理特点，注重培训项目的前后衔接，始终关注教师的终身发展。

（二）组建培训师资团队

各院校可依据《标准》，对照培训主题与课程专题，组建高水平、结构优化的培训师资团队。培训师资团队应包括传统文化教育专家与一线优秀传统文化课程教师。传统文化教育专家应具备深厚的理论功底与修身实践体会，其中首席专家应具备一定的数据处理与分析、能力诊断与归因、培训项目设计与实施能力。培训项目实施过程中要加强师资团队的建设和培训，不断提升其培训研究、培训课程建设、培训资源开发和培训效果跟踪的整体水平。

（三）开发能力诊断工具与需求分析工具

各院校可参考《标准》，设计、开发适合本院校教师情况的中华优秀传统文化素养自我诊断及实践运用教学能力诊断工具，准确掌握参训教师的培训需求，为设计与实施有针对性的培训课程及跟踪培训效果提供依据。

（四）建设优质课程资源

各院校在培训过程中要特别注重培训资源的开发与积累，可根据《标准》确定的培训主题，围绕培训目标，为教师选择或开发适切的专题及个性化课程资源。根据教师自我诊断和教学能力表现水平，为其提供教学课件、讲课提纲、活动设计、线上课程等系统化的培训课程资源，为教师持续发展提供有效支持。

职业院校中华优秀传统文化实践活动指导标准

前　言

　　为弘扬中华优秀传统文化，提升职业院校中华优秀传统文化实践活动质量，推进校园文化建设，根据中共中央办公厅、国务院办公厅《关于实施中华优秀传统文化传承发展工程的意见》，教育部《完善中华优秀传统文化教育指导纲要》《关于职业院校专业人才培养方案制订与实施工作的指导意见》等文件精神，结合广州城市职业学院中华优秀传统文化教育活动实践，制定《职业院校中华优秀传统文化实践活动指导标准》（以下简称《指导标准》）。

　　根据《完善中华优秀传统文化教育指导纲要》关于"课堂教育与实践教育相结合"的基本要求，基于职业院校开展传统文化活动的理念和原则，设计传统文化实践活动主题，构建活动体系，制定活动指导标准，进一步引导和规范职业院校更好地开展传统文化实践活动，增强学生传承、弘扬中华优秀传统文化的责任感和使命感。

一、基本理念

　　《指导标准》秉持"礼以立人，艺以养人，行以成人"的教育理念，注重学生人格养成，强调实践育人。对照职业院校人才培养目标设计活动主题，明确活动目标，通过实践体验，学用相长、知行合一，培养学生对中华优秀传统文化的理解，着力提升学生的人格修养和人文素养。

二、设计原则

　　（1）以习近平新时代中国特色社会主义思想为指导。
　　（2）以传承中华人文精神、弘扬中华优秀传统美德为核心。
　　（3）以实践育人为抓手，面向学生生活实际，注重学生实践养成。
　　（4）以提升学生整体人文素养为宗旨，唤起学生文化认同，提升学生文化自觉和文化自信。

三、设计思路与活动框架

　　基于上述基本理念与设计原则，通过分析职业院校学生对传统文化的认知情况，将中华优秀传统文化实践活动目标定为由浅入深的三个层次：初步体验，要求学生形成对传统文化的初步认知；深入探究，要求学生在初识传统的基础上阅读经典，加深对中华优秀传统文化的理解和认同；自觉实践，要求学生在达到以上层次的基础上进一步提升，能够自觉传承和传播中华优秀传统文化，实现文化自觉。

为了精准实现三个层级的活动目标，必须根据不同层级的活动目标分层实施活动，按照这一思路，分别设计"国学活动月""国学经典诵读""传统礼仪节日"三类主题活动，通过三类主题活动的推进式展开，使学生完成从初识国学、认同国学，到自觉传承和传播国学的转变，以进一步增强传承、弘扬中华优秀传统文化的使命感和行动力。

活动内容

一、国学活动月主题活动

国学活动月是为弘扬中华优秀传统文化，扩大国学在校园中的影响力而举办的一系列主题活动，建议在每年9月新生入学时开展，使大一新生形成对校园国学文化的初步感知。

（一）活动目的

通过开展国学活动月系列主题活动，展现中华优秀传统文化魅力，促进校园内涵建设，使大一新生形成对国学的初步认知，增强文化自信和民族认同。

（二）实施建议

1. 加强组织管理，分层组织实施

学校相关部门加强对国学活动月的统筹管理，确定活动月的具体内容，以二年级学生为主体，结合迎新活动，成立"班级（社团）、院系、学校"三级活动管理团队，分层研究制订活动方案，细化活动项目，加强组织协调，分工明确，落实责任。

2. 搭建活动平台，发挥学生主体作用

成立传统文化兴趣社团，以传统文化兴趣社团为载体搭建活动平台，以学生为主体，让学生在活动中涵养身心，唤起文化自觉。

3. 创新活动形式，丰富活动内容

开展国学活动月主题活动要明确主题、突出过程、注重实效，做到内容丰富、形式多样。具体活动建议如下：

（1）开展传统技艺主题体验活动，以传统文化兴趣社团为活动平台，以琴棋书画诗礼茶等传统雅艺为体验内容，让学生在雅艺体验中涵养身心。

（2）举办国学主题讲座，设计学术性与趣味性并重的讲座专题，邀请传统文化名家、传统技艺大师进校开讲，加深学生对传统文化的理解，拓宽文化视野。

（3）开展纪念孔子诞辰典礼活动，以尊师重道为主题，通过佾舞表演、向孔子像行传统敬师礼、齐诵孔子赞、国艺表演、合唱大同歌等礼乐教化环节，加强新生入学教育，弘扬尊师重道、明仁守礼的优秀传统。

（4）举办国学知识竞赛，在全校范围内掀起一股学国学的风气，丰富学生课余文化生活，助力校园文化建设。

（5）开展传统礼仪体验活动，通过礼敬师长、吟唱雅乐、汉服秀、传统日常容礼、成人礼等传统礼仪体验活动，让学生识礼仪、知敬畏、守规矩。

（6）举办大学生书画作品展，征集遴选出一批优秀作品参展，提升学生的艺术修养和审美能力。

二、国学经典诵读主题活动

国学经典诵读主题活动是以立德树人、培育社会主义核心价值观为根本任务，以传承弘扬中华优秀传统文化为核心内容，在全校范围内开展的校园文化建设主题活动，建议每年11—12月举行，使大一学生在初识国学的基础上深入阅读经典，加深对中华优秀传统文化的理解和认同。

（一）活动目标

通过开展国学经典诵读主题活动，营造全校师生学习经典的氛围，引导全校师生准确理解中华经典文化的思想内涵与价值追求，能够更好地亲近经典、领悟经典内涵、传承中华传统美德、弘扬中华人文精神、增强民族认同、树立文化自信。

（二）实施建议

1. 拓宽多方渠道，积累诵读资源

面向全校学生开设中华优秀传统文化必修或选修课程，编写中华经典读本，开发创作中华经典视听化作品，开展吟诵研讨交流，发挥资深学者、文化名家、诵读名人等专家力量，多渠道积累诵读资源，建设中华经典诵读学习资源库。

2. 拓展诵读空间，营造诵读氛围

利用景观小品、文化长廊、读报橱窗等营造经典诵读的视觉氛围；充分利用人文课堂、图书馆、校园网等拓展经典诵读的文化空间；鼓励成立各种经典诵读兴趣社团，通过学生社团开展经典诵读活动，激发学生诵读兴趣。

3. 加强组织管理，分层组织实施

要加强对经典诵读主题活动的组织领导，确保活动取得实效。可成立"班级（社团）、院系、学校"三级活动管理团队，分层研究制订活动方案，细化活动项目，加强组织协调，明确分工，落实责任。

4. 明确诵读主题，强化教育功能

可以结合中国传统节日、中国传统二十四节气、中华传统礼仪、中华传统美德、中华诗词歌赋、中华经典文本中的核心理念等内容，依托学校的校园文化实践确定主题，结合社会主义核心价值观开展各种形式的诵读活动，诵读内容要突出思想内涵，强化教育功能，体现文化厚度，充分发挥经典的影响力。

5. 完善保障机制，加强品牌建设

通过资源建设、氛围营造、平台支撑等，形成长效保障机制，保证中华经典诵读活动一年一度定期开展，建成校园诵读特色品牌。

三、传统礼仪节日主题活动

传统礼仪节日主题活动是以上巳节、春节、元宵、清明、端午、中秋等我国重要传统节庆日为切入点，结合传统礼仪教育，以传承中华优秀传统礼仪文化和节日文化为核心的校园文化建设活动。建议发挥学生的主体作用，鼓励学生自主开展。

（一）活动目标

通过开展传统礼仪节日主题活动，引导全校学生体验传统节日的厚重文化内涵，认知传统、尊重传统、继承传统、弘扬传统，增强文化认同，提升文化自觉。

（二）实施建议

1. 创设节庆氛围，推进内涵建设

利用学校宣传栏、板报、网站等，建设传统礼仪节日教育专栏，形成传统礼仪节日文化教育氛围。专栏要做到及时更新，内容丰富，主题分明，大力宣传和弘扬中华礼仪文化和民族精神。

2. 搭建实践平台，发挥学生作用

鼓励学生自主参与活动，自主组织实施，充分发挥学生的主体作用。以传统文化类学生社团为平台，积极开展丰富的传统礼仪节日主题活动，使学生在活动中涵养身心，提升文化自觉。

3. 明确活动目的，突出活动重点

开展传统礼仪节日主题活动，应始终以弘扬传统文化精神内涵为目的，以加强学生人格养成为重点，坚持将传统教育与德性教育相结合，重视学生的人格养成，提升学生的文化修养。

4. 创新活动形式，打造校园特色

可通过经典诵读、志愿服务、走访慰问、节日民俗体验、传统礼仪体验等多种形式开展传统礼仪节日教育活动，要突出过程，注重实效，要将传统礼仪节日教育活动与学校的育人特色相结合，力争打造自己的文化特色。

5. 开展活动评价，完善激励机制

每学期可根据活动开展情况，定期组织评选传统礼仪节日主题活动先进个人、先进班级、先进社团，鼓励和表彰在传统礼仪节日主题活动中做出突出贡献的先进个人和先进集体，提高全校学生参与传统礼仪节日主题活动的积极性、主动性。

活动案例

一、广州城市职业学院丁酉年（2017年）国学活动月

（一）活动简介

国学活动月是广州城市职业学院为弘扬中华优秀传统文化，扩大国学在校园中的影响力而举办的国学系列主题活动，包括国学教育成果展示、传统雅艺体验、国学讲座、国学知识竞赛、中秋游园晚会、纪念孔子诞辰典礼等多种活动形式，于每年9月举办。"国学活动月"旨在营造浓厚的校园文化氛围，让甫入校门的大学生强烈地感受到学院独特的文化追求，为他们初步奠定未来职业生涯的人文根基。

（二）活动方案

广州城市职业学院丁酉年（2017年）"国学活动月"活动方案

为贯彻落实习近平总书记近年来关于传承中华优秀传统文化的系列讲话精神以及中共中央办公厅和国务院办公厅《关于实施中华优秀传统文化传承发展工程的意见》的文件精神，为弘扬中华优秀传统文化，促进校园内涵建设，增强大学新生对传统文化的认同感，现定于2017年9月在全校范围内开展第九届"国学活动月"系列文化活动，具体方案如下。

一、组织机构

主办单位：广州城市职业学院国学院。

二、活动时间

2017年9月1日—30日。

三、活动地点

广州市广园中路248号广州城市职业学院。

四、活动对象

全校大一新生、国学社团学生。

五、活动内容

本次国学活动月系列文化活动由以下八个专题活动组成：

（1）传统技艺主题体验活动。

（2）国学社团招新活动。

（3）城市国学讲坛。

（4）传统礼仪体验活动。

（5）国学经典知识竞赛。

（6）纪念孔子诞辰2568周年典礼暨大师工作坊揭牌庆典活动。

(7) 师生中秋游园会。

(8) 第七届广州地区大学生现场书法临摹大赛获奖作品展。

六、活动具体安排

活动名称	活动内容	时间	地点
初窥堂奥	流光掠影——社团概况展示	9月9日—9月30日	南校区教研楼五楼国学院
	经典雅诵——经典诵读体验	9月11日—9月30日晚	南校区教研楼五楼阅览室
	茶韵飘香——茶艺主题体验		南校区教研楼五楼茶艺室
	墨华绽彩——书画主题体验		南校区教研楼五楼书画室
	乐奏清音——国乐主题体验		南校区教研楼五楼国乐室
	棋乐无穷——棋艺主题体验		南校区岭南文化传播研究中心
	武动芳华——武术主题体验		南校区体育馆二楼武术馆
入道之门	国学社团招新	9月14日—9月15日	各校区食堂门口
博之以文	城市国学讲坛第243讲：中国古代的避讳文化 主讲人：徐国荣	9月13日下午	海珠校区1-201
	城市国学讲坛第244讲：宋代诗话中的士人形象 主讲人：聂巧平	9月20日下午	海珠校区1-201
	城市国学讲坛第245讲：粤语流行歌曲中的粤语文化 主讲人：甘于恩	9月27日下午	海珠校区1-201
约之以礼	传统礼仪体验活动	9月20日	南校区教研楼五楼茶艺室
切磋琢磨	国学经典知识竞赛	9月中下旬	南校区岭南文化传播研究中心
尊师重道	纪念孔子诞辰2568周年典礼暨大师工作坊揭牌庆典活动	9月27日下午	南校区大礼堂
其乐融融	师生游园会	9月下旬	各校区
斯文在兹	第七届广州地区大学生现场书法临摹大赛获奖作品展	9月中旬	南校区图书馆

二、广州城市职业学院第十三届国学经典诵读大赛

（一）活动简介

国学经典诵读大赛是广州城市职业学院为弘扬传统文化，助力校园文化建设，在全院范围内以教学系为单位开展的国学经典诵读比赛活动，借以鼓励学生在课程学习的基

础上广泛诵读经典、深入理解经典，进而将国学经典内化为自己的人文修养。

广州城市职业学院每年定期举办国学经典诵读大赛，打造了校园诵读特色品牌并形成长效机制，在校内营造了浓厚的经典学习氛围，增强了师生民族认同感和文化自信心，为贯彻落实《中华经典诵读工程实施方案》、弘扬中华优秀传统文化做出了积极的贡献。

（二）活动方案

广州城市职业学院第十三届国学经典诵读大赛活动方案

为贯彻落实习近平总书记关于传承中华优秀传统文化的系列讲话精神以及中共中央办公厅、国务院办公厅《关于实施中华优秀传统文化传承发展工程的意见》的文件精神，进一步弘扬以国学经典为载体的中华优秀传统文化，彰显我校"质量立校、人才强校、文化塑校、特色兴校"的办学理念，定于全院范围内以教学系为单位举办"广州城市职业学院第十三届国学经典诵读大赛"。具体方案如下。

一、参赛形式

（一）参赛人员

以各系为单位，师生组队集体参赛。具体安排如下：

每个系组织1个参赛节目，学生参赛人数不少于50人，人数不足将酌情扣分（因客观因素人数不足50人者，可于提交报名表格时以书面形式提出申请降低参赛人数下限）；对系领导及教师参赛实施加分鼓励，各参赛队的系领导及教师参赛人数达到5人及以上，加2分；若遇参赛队分数相同情况，教师人数居多者胜出。

（二）参赛内容及要求

本次比赛以"中华传统礼仪"为主题，各系围绕社会主义核心价值观，根据抽取的主题，自行组织与主题相关的经典文本（包括与礼仪相关的古典诗词）进行诵读，并依据情境进行合乎中华传统礼仪的演绎（包括情景剧、礼仪展示等）。节目形式不限，每个节目时间（包括上下场时间）应控制在8分钟以内，其中全体参赛队员集体诵读时间应保证在节目总时长的40%以上。

二、大赛时间流程

本学期诵读大赛具体时间安排如下：

国学院于10月30日（周三）14:30举行工作方案解读会，同时进行统一抽签确定比赛主题与出场顺序，具体安排另行通知。

各系于11月6日（周三）17:00前向国学院递交盖章报名表（见附件1）一份；提交参赛节目相关材料，材料形式为Word或PPT。

各系自行安排彩排；11月27日（周三）12:00—17:00在南校区大礼堂进行联排。

11月27日（周三）19:00在南校区大礼堂进行比赛。

三、评奖方式

(一) 参赛成绩

参赛成绩由两部分组成。第一部分为诵读及礼仪规范成绩，将由7名专家评委按评奖标准评分，满分为100分。各评委分数将去掉1个最高分、1个最低分后取平均成绩为参赛队第一部分得分。

第二部分为组织成绩，包括违例扣分、教师参赛加分，由工作人员按评分标准核算。

(二) 评分标准

(1) 诵读及礼仪规范成绩评分标准。

诵读内容主题突出，材料选择得当，节目编排适宜；诵读准确、清晰、流畅；服装整齐、精神饱满、声音宏亮；正确表现诵读内容所表达的含义和情感，富有表现力；所有演出人员的肢体动作应符合传统礼仪要求（详见附件2评委评分表）。

(2) 组织成绩评分标准。

违例扣分项：参数人数及比例不合要求；节目长度及时间编排不合要求。

加分项：各参赛队的系领导及教师参赛人数达到5人，加基础分2分。

总成绩为第一部分成绩与第二部分成绩之和。

(三) 奖项设置

(1) 全部参赛队按最后成绩排名。由高到低设金奖1名，银奖2名，铜奖3名，优秀组织奖5名。

(2) 设优秀指导老师奖，由获得相应奖项参赛队伍的指导老师获得。

(3) 设优秀组织奖，由获得相应奖项参赛队伍的组织老师获得。

(4) 以上个人奖项按各系报名表所提供名单颁发。

四、奖励办法

每支参赛队按名次获得相应的荣誉证书、奖金。奖项及奖励设置如下：

(1) 集体奖。金奖1名，奖金×××元；银奖：2名，奖金各×××元；铜奖：3名，奖金各×××元；优秀奖：5名，奖金各×××元。

(2) 优秀指导老师奖。金奖1名，银奖2名，铜奖3名，优秀奖5名。

(3) 优秀组织奖。金奖1名，银奖2名，铜奖3名，优秀奖5名。

附件：

附件1：报名表。

附件2：评委评分表。

附件3：中华传统礼仪诵读主题。

附件

附件1：报名表

系名（盖章）		节目名称	
队伍组织老师		联系电话	
参赛指导老师		联系电话	
节目编排形式			
辅助手段	音频	□是 □否	辅助人员（后台）	姓名	
	视频	□是 □否		联系电话	
参赛人员名单（教职工姓名下加横线）					

附件2：评委评分表

参赛系名称	主题突出、材料及其编排适宜	正确表现含义	表演生动，富有感染力、表现力	诵读清晰、准确、流畅	服装整齐、精神饱满、声音洪亮，肢体动作符合传统礼仪要求	总分
满分设定	20	20	20	20	20	100
1号~×号						

附件3：中华传统礼仪诵读主题

（1）礼的精神与价值：不学礼，无以立（《论语》"孔鲤过庭"故事）。

（2）五伦之礼之一：父子有亲（《史记》"舜以孝闻"故事）。

（3）五伦之礼之一：父子有亲（《传习录》"阳明化解父子讼狱"故事）。

(4) 五伦之礼之二：君臣有义（《资治通鉴》"李世民畏魏征"故事）。
(5) 五伦之礼之三：夫妇有别（《左传》"相敬如宾"故事）。
(6) 五伦之礼之三：夫妇有别（《列女传》"孟子将入私室"故事）。
(7) 五伦之礼之四：长幼有序（《论语》"泰伯让国"故事）。
(8) 五伦之礼之五：朋友有信（《新序》"季札挂剑"故事）。
(9) 传统释菜礼与尊师之道（《宋史·杨时传》"程门立雪"故事）。
(10) 冠礼及冠义（《史记·仲尼弟子列传》"子路结缨而死"故事）。
(11) 传统家礼与家教之道（家风家训故事）。

说明：
(1) 可根据各主题内容设计情景剧、礼仪展示等形式展现传统礼仪经典内涵，要求所有演员的肢体动作符合中华传统礼仪规范，相关学习材料如下：
国家职业教育专业教学资源库"四书五经导读"课程专题十一"儒家教育实践：古人日常礼仪"教学视频。

视频网址：http://jnzyk.36ve.com/? q＝node/60060/teach。
(2) 参考书目如下：
彭林：《礼乐文明与中国文化精神》，中国人民大学出版社2016年出版。
彭林：《中华传统礼仪概要》，商务印书馆2017年出版。
贺璋瑢、王海云：《中华传统礼仪》（国学教养教育丛书），中国人民大学出版社2016年出版。
张德付：《中华日常礼仪基础教程》（容礼＋传统伦常＋宾主＋燕饮全四册），中华书局2019年出版。

三、广州城市职业学院丁酉年（2017年）"三月三上巳节"系列节日文化活动

（一）活动简介

"三月三上巳节"是广州城市职业学院为传承弘扬优秀传统文化，增强师生对传统节日文化的认同感，组织全院师生积极参加的系列节日文化活动。本次活动由上巳祓除雅集、"梦回上巳——遇见千年之前的你和TA"主题摄影大赛、"我用诗词说出你的名字"微视频传情三个专题活动构成，活动增强了师生民族认同感，提升了师生文化素养，为打造优良的校园文化、建设人文校园发挥了积极作用，对传承中华优秀节日文化具有重要意义。

（二）活动方案

广州城市职业学院丁酉年（2017年）"三月三上巳节"系列节日文化活动方案

一、活动背景

根据中共中央办公厅、国务院办公厅印发的《关于实施中华优秀传统文化传承发展

工程的意见》中关于"实施中国传统节日振兴工程，丰富春节、元宵、清明、端午、七夕、中秋、重阳等传统节日文化内涵，形成新的节日习俗"的工作要求，为传承中华优秀传统文化，增强师生对传统节日文化的认同感，现拟结合"三月三上巳节"开展系列节日文化活动。

"三月三上巳节"是中华民族古老的传统节日，文化内涵丰富。古人重视三月上巳祓除、衅浴的风俗。据《周礼》记载，周代专设"女巫掌岁时以祓除、衅浴……"，东汉经学大师郑玄注解《周礼》时提到："岁时祓除，如今三月上巳如水上之类。"据《后汉书》记载："是月上巳，官民皆絜（洁）于东流水上，曰洗濯祓除去宿垢疢为大絜（洁）。絜（洁）者，言阳气布畅，万物讫出，始絜（洁）之矣。"除了"祓除、衅浴"以消灾除凶外，上巳节还是古时男女相会游嬉、表达爱慕之情的重要日子。《诗经·溱洧》中描写了春秋时期少男少女趁祓除时相约出游、以芍药定情的场景。此外，上巳节也是文人雅士们曲水流觞、修禊雅集的日子。王羲之流传千古的名作《兰亭集序》正是描写了文人雅士于上巳节修禊雅集的情景。

二、活动目的与意义

通过开展上巳节系列节日文化活动，重新发掘上巳节节日内涵，引导师生认知传统、尊重传统、继承传统、弘扬传统，有利于增进爱党、爱国、爱社会主义情感，增强师生民族认同感，加强文化自信，对于传承中华文脉、全面提升广大师生文化素养、维护国家文化安全、增强国家文化软实力、实现中华民族伟大复兴的中国梦具有重要意义。

三、活动对象

全校学生、学校领导、相关院系领导、教师代表、辅导员与班主任代表。

四、活动主题

回归诗词传统，重拾上巳情怀。

五、活动主要内容

本次"三月三上巳节"系列节日文化活动由以下三个专题活动组成：

(1) 上巳祓除雅集。

(2) "梦回上巳——遇见千年之前的你和TA"主题摄影大赛。

(3) "我用诗词说出你的名字"微视频传情活动。

六、活动具体安排

（一）上巳祓除雅集

按照古代传统，身穿汉服在水边进行祓除、衅浴仪式，设置中心演艺区域、四大主题展示区域（茶艺、国乐、书画、棋艺）以及自主摄影区域，结合传统上巳节文人雅集习俗展示琴、棋、书、画、茶等传统文化。

(1) 时间：2017年3月26日下午（周日）。

(2) 地点：麓湖公园聚芳园停车场附近。

(3) 活动对象：国学社团、在校师生、特邀嘉宾（特邀参与）。

(4) 现场布置：划分成中心演艺区、茶艺主题区、国乐主题区、书画主题区、棋艺主题区、自主摄影区。

　　a. 中心演艺区：临水平台，用于举行上巳祓除仪式，仪式过后可由特邀嘉宾表演古琴、古筝以及其他表演。

　　b. 茶艺主题区：带绿化景观平台，用于进行茶艺体验、展示以及主题摄影。

　　c. 国乐主题区：近区域入口处广场，用于进行国乐体验、展示以及主题摄影。

　　d. 书画主题区：老榕树下空地，用于进行书画体验、展示以及主题摄影。

　　e. 棋艺主题区：廊亭之内，用于进行棋艺体验、展示以及主题摄影。

　　f. 自主摄影区：中心凉亭之内，四周有小桥流水景观，用于开展自主摄影活动。

(5) 活动流程：

　　a. 暖场表演（5分钟）。由国学经典讲习团吟诵《诗经·溱洧》。

　　b. 上巳祓除仪式（具体安排另文叙述）（15分钟）。

　　c. 特邀嘉宾表演（20分钟）。

　　d. 武协太极拳表演（5分钟）。

　　e. 汉服协会汉服舞蹈表演（5分钟）。

　　f. 各主题区体验、展示以及摄影。

(二)"梦回上巳——遇见千年之前的你和TA"主题摄影大赛

组织参赛者到"上巳祓除雅集"现场开展摄影活动。获奖作品将于校园内及国学院微信公众号进行展示。设一等奖2名、二等奖5名、三等奖10名、优秀奖10名。

(1) 时间：2017年3月26日下午（周日）。

(2) 地点：上巳祓除雅集各主题区及自主摄影区。

(3) 活动对象：参赛人员。

(4) 活动安排：

　　a. 前期筹备（3月13日—3月22日）：在全校范围进行宣传推广，由各系鼓励师生积极报名。

　　b. 在各主题摄影区开展摄影活动。

　　c. 作品评选及获奖作品展示。

(三)"我用诗词说出你的名字"微视频传情活动

要求参与者深情朗读包含传情对象（学校、师长、舍友、倾慕者）名字的诗词以表达心中的情感（感恩之情、思慕之情），并通过手写诗词拍照、录制微视频等方式由团委及国学院微信公众号对外发布。

(1) 时间：（3月13日—31日）。

(2) 地点：校内。

(3) 活动对象：在校师生。

(4) 活动安排：

a. 前期预热（3月13日—17日）：发布推广文案，并录制示范视频、拍摄照片在公众号发布。

b. 开展活动：定时收集作品并对外发布。

附件：

广州城市职业学院丁酉年上巳祓除仪式流程

所需物资	瓷水盘三个（其中两个内盛清水、鲜花瓣）、竹勺、柳条、古琴桌子两张
场地布置	桌子上放瓷水盘（盥洗用）
参与人员	主礼者一名（持柳条拂拭、读祝文、领拜）、盥洗侍者两名（一负责盥手、一负责毛巾净手）、通赞一名、侍者一名（传递祝文）、受盥者16名
仪式流程	仪式开始前盥洗侍者就位，受盥者面向麓湖排成两排 通赞宣告"广州城市职业学院丁酉年上巳祓除仪式正式开始" 通赞："诣盥洗处盥洗祓除" 受盥者依次赴盥洗处盥洗；盥洗后，主礼者用柳条蘸水拂拭受盥者；受盥者受盥后回到原处列队 通赞："整饬衣冠，端身肃立，读祝" 主礼者上前，面对受盥者站立，侍者奉上祝文 主礼者读祝："三月三日，欣此暮春；元尊咄润，飞雾成阴；祓除病晦，修禊净身；俯挥素波，仰啜芳醇；咏彼舞雩，迺携嘉人；冥心真寄，千载同尘。" 读祝毕，通赞："行三拜礼。跗心。高揖。拜。兴。再拜。兴。三拜。礼成"（主礼者转身面向麓湖行三拜礼，受盥者同拜） 通赞："广州城市职业学院丁酉年上巳祓除仪式圆满结束"

四、广州城市职业学院纪念孔子诞辰 2570 周年典礼暨学院优秀教师、优秀教育工作者表彰大会

（一）活动简介

纪念孔子诞辰典礼暨学院优秀教师、优秀教育工作者表彰大会是广州城市职业学院为传承和发扬"尊师重道"的中华优秀文化传统，加强新生入学教育，组织全院师生参加的传统礼仪节庆活动。广州城市职业学院连续 9 年举办孔子诞辰纪念活动，弘扬了尊师重道、明礼守仁的中华传统美德，让学生在活动中受到潜移默化的德性教育。

（二）活动方案

广州城市职业学院纪念孔子诞辰 2570 周年典礼暨学院优秀教师、优秀教育工作者表彰大会活动方案

为传承和发扬"尊师重道"的中华优秀文化传统，通过传统礼乐教化加强新生入学教育，塑造学生"进德修业"品质，结合学院优秀教职工表彰工作，现拟于9月28日（周六）下午在学院礼堂举行纪念孔子诞辰2570周年典礼暨学院优秀教师、优秀教育工作者表彰大会，活动具体方案如下。

一、活动主题

尊师重道，礼乐化行。

二、活动时间与地点

时间：9月28日下午3时—5时。

地点：大礼堂。

三、出席人员

学校领导、教师代表、各系学生代表、校外嘉宾。

四、活动流程

（一）开场（5分钟）

主持人介绍活动缘起、出席嘉宾。

（二）领导致辞（5分钟）

校领导致辞，宣布活动正式开始。

（三）"师道显赫"——礼乐隆师（20分钟）

(1) 佾舞，奏《咸和之曲》。

(2) 学生代表向孔子像行传统敬师礼。

(3) 主持人引导全体人员诵读《中庸》（节选）、《孔子赞》，向孔子像行鞠躬礼。

（四）"诗以言志"——琴茶雅诵（8分钟）

(1)《四季茶情》吟诵。

(2) 点茶表演（古琴伴奏）。

（五）"乐以道和"——弦乐生香（10分钟）

(1) 古筝表演。

(2) 香道表演。

（六）"道进大同"——学生合唱大同歌（5分钟）

（七）学院优秀教师、教育工作者表彰仪式（30分钟）

（八）主持人宣布活动圆满结束、退场

中华优秀传统文化课程模块设计

理论教学

模块一 知理

国学的内涵与特质

所属课程	国学精粹	课程性质	公共基础必修课
所属模块	知理	授课对象	所有专业
授课地点	多媒体教室	授课学时	2学时
授课形式		网络教学、情境教学	
教学目标		**知识目标**：能说出国学的由来与内涵，准确理解国学的特质与价值。 **能力目标**：能运用国学学习方法制订课程学习计划。 **素质目标**：认同传统文化，增强文化自信。	
课程思政		习近平总书记在2013年全国宣传思想工作会议上指出："宣传阐释中国特色，要讲清楚每个国家和民族的历史传统、文化积淀、基本国情不同，其发展道路必然有着自己的特色；**讲清楚中华文化积淀着中华民族最深沉的精神追求，是中华民族生生不息、发展壮大的丰厚滋养**；讲清楚中华优秀传统文化是中华民族的突出优势，是我们**最深厚的文化软实力**。" 习近平总书记在2014年纪念孔子诞辰2565周年国际学术研讨会开幕会上的讲话中指出："**中国优秀传统文化的丰富哲学思想、人文精神、教化思想、道德理念等，可以为人们认识和改造世界提供有益启迪**，可以为治国理政提供有益启示，也可以为道德建设提供有益启发。" 习近平总书记在2014年10月15日文艺工作座谈会上的讲话中指出："**中华优秀传统文化是中华民族的精神命脉，是涵养社会主义核心价值观的重要源泉，也是我们在世界文化激荡中站稳脚跟的坚实根基。增强文化自觉和文化自信，是坚定道路自信、理论自信、制度自信的题中应有之义**……传承中华文化，绝不是简单复古，也不是盲目排外，而是古为今用、洋为中用，辩证取舍、推陈出新，摒弃消极因素，继承积极思想，'以古人之规矩，开自己之生面'，实现中华文化的创造性转化和创新性发展。" 本模块旨在引导学生准确理解国学内涵，树立文化自觉，增强文化认同，提高文化自信，贯彻落实习近平总书记关于传承中华优秀传统文化、坚定文化自信的讲话精神。	
学情分析		**知识基础分析**：学生在高中阶段对国学有初步了解，但对国学的内涵与特质缺乏准确认识。 **学生特点分析**：学生对国学有基本的认同，但尚未树立明确的文化自觉。 **信息素养分析**：具备基本的计算机运用及信息检索能力。 **爱好分析**：爱讨论、合作，爱观察、实践；怵干讲理论，怵死记硬背。	
教学内容		本模块选取国学的内涵与特质作为教学内容，属于课程核心模块。国学最初是指由国家设立的教育机构，在近代西学东渐的背景下，国学的内涵从教育机构转变为与西学相对的文化概念，国学精粹则是中国传统的、以儒学为主体的中国文化和学术，它是安顿人的精神生命与启迪人生智慧的学问。学习国学的方法是明理、笃行，通过理论与实践相统一达到知行合一。	

教学 重难点	**教学重点**：(1) 把握国学的由来与基本内涵；(2) 理解国学安顿生命的精神特质。 **教学难点**：掌握"明理＋笃行"的国学学习方法。
教材 分析	本课程选用"十二五"职业教育国家规划教材《国学精粹》（第二版），该教材由中国人民大学出版社出版。 本单元学习内容对应《国学精粹》（第二版）绪论"国学与人生"模块。教材对国学概念的来源与演变进行了梳理，分析了国学的概念、国学精粹的内涵与特质，并阐明了学习国学的价值及方法，可以引导学生理解国学、学习国学、认同国学。
教学 策略	本课程根据知行合一论、生活教育论与知情意行协调发展德育论，以学生为中心，运用任务驱动、项目教学、启发式教学、案例教学等教学法，设计"课前识国学—课中说国学、解国学、辨国学、明国学—课后明理笃行"的教学环节开展教学。 **课前**：学生提前登录课程平台并加入"国学精粹"课程，教师依托课程平台发布"国学初印象"识国学任务，学生结合自己对国学的理解选取最能体现国学的场景或事物的图片、视频等提交至课程平台，教师根据学生对国学的理解情况进行针对性备课。 **课中**：设计"说国学、解国学、辨国学、明国学"环节，学生学习运用课程平台、国家职业教育专业教学资源库等开展自主探究活动，教师结合案例资源进行案例教学与启发式教学，通过"做中学、做中教"的方式，有效突破教学重难点。 **课后**：推送"明理笃行"任务，学生完成"我的国学学习规划"任务，落实"明理＋笃行"学习方法，实现知行合一。 本课程应用信息化手段与资源为教学辅助工具，提升教学效率，拓展学生学习的深度与广度。教学全过程以智慧职教MOOC学院或超星学习通等作为课程平台，实现教学过程管理辅助、教学资源展示等功能，加强师生交流互动，增强学生学习兴趣。学生自主探究学习阶段，以汉字全息资源应用系统、中国哲学书电子化计划等资源库作为辅助工具，增强学生对汉字字形、字义以及经典文本的理解与分析能力。此外，以国家职业教育专业教学资源库"四书五经导读"课程、省级精品资源共享课程"国学精粹"以及智慧职教MOOC学院"国学精粹"为课程资源支撑，构建"时时可学、处处能学、人人乐学"的教学空间，提升学习效率。
教学 环境	多媒体教室

信息化教学资源

中共中央宣传部"学习强国"学习平台

国家职业教育专业教学资源库"四书五经导读"

"国学精粹"网络课程平台(省级精品课程)

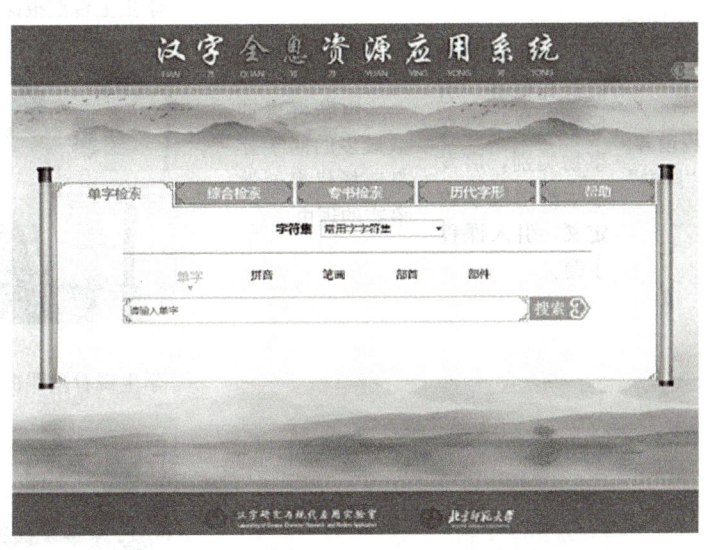

信息化教学资源	汉字全息资源应用系统 中国哲学书电子化计划		

教学实施	环节内容	教师活动	学生活动	信息化资源运用及效果
	课前准备识"国学"	【任务驱动法】教师在课程平台发布"国学初印象"任务。 【教师评价】教师对任务完成情况进行评价。	【自主探究法】学生选择最能代表国学的事物，通过图片、小视频等方式上传至课程平台。 【学生互评】学生对提交内容进行互评。	师生运用课程平台发布、接收任务以及预习文本，引导学生开展自主探究，唤起学生学习兴趣，提高学习效率。 PPT课件 讨论 任课教师:识国学任务：请把你认为最能代… 主题讨论 识国学任务：请把你认为最能代表国学的场景或事物的照片发送至课程平台

教学实施	课程前导 说"国学"	教师回顾课前探究任务，引导学生总结提交事物类别，启发学生给出国学的定义，引入课程主题。	由获得点赞数最多的同学分享选择代表国学事物的理由。	学生上台汇报课前探究情况。
	课堂探究 解"国学"	【任务驱动法】 教师发布"解国学"探究任务，引导学生通过微课视频中的讲解梳理出"国学"概念的含义。	【自主探究法】 学生观看专家微课视频，找出"国学"概念的含义，并把关键词发送到课程平台上。	学生观看微课视频。 课程平台对学生探究结果进行关键词云显示。
		【启发式教学法】 教师根据学生探究情况，结合传统经典，引导学生理解国学的内涵，**解决教学重点（1）**。	学生诵读和分析传统经典。	教师引导学生诵读、分析传统经典。 教师启发学生准确理解国学内涵，**解决教学重点（1）**。

教学实施	课堂探究辨"国学"	【案例教学法】 教师播放案例视频，布置小组探究任务。 【教师评价】 教师根据小组探究情况进行评价。	【小组讨论法】 学生观看案例视频，以小组为单位展开讨论，将小组讨论结果发送至课程平台并进行汇报。 【小组互评】 由学生进行小组互评。	教师在**课程平台**发布案例分析任务。 小组代表上台进行汇报。
		【启发式教学法】 教师根据学生汇报情况，结合习近平总书记讲话精神，启发学生理解国学作为安顿精神生命与启迪人生智慧的学问，解决**教学重点（2）**。	【自主探究法】 学生学习习近平总书记讲话精神，认识国学的意义与价值。	师生学习习近平总书记讲话精神**音频资源**。 教师启发学生理解国学的精神特质与现代价值，**解决教学重点（2）**。

教学实施	总结升华 明"国学"	【启发式教学法】 教师结合课程"理论精粹＋国学体验"教学模式、课程模块、教材体例、学习资源，引导学生理解课程内容与"明理＋笃行"的知行合一学习方法，**解决教学难点**。	学生结合教材模块思考知识学习与智慧体知的区别。	 "理论精粹＋国学体验"教学模式  《国学精粹》教材  学习资源介绍
		教师结合习近平总书记关于"不要搞丢中国5000年文明文化"的**思政微课视频**进行总结升华，引导学生认同、学习、传承国学，实现课程思政。	学生观看习近平总书记讲话视频。	运用国家职业教育专业教学资源库思政微课视频，引导学生树立文化自觉，提高文化认同。 

教学实施	课后作业 明理笃行	【任务驱动法】 教师在课程平台发布课后拓展任务。 【教师评价】 根据学生完成情况进行评价。	【实践体验法】 学生在课程平台接收任务，结合课程学习要求制定个人"明理＋笃行"学习规划任务，并上传至课程平台。	教师通过**课程平台**发布"明理＋笃行"学习规划任务，学生完成任务并上传至平台。
教学评价	<p style="color:red">课前评价（10%）</p>：课前根据学生探究情况和学生互评开展教师评价，重点考查学生对国学的认知情况。 <p style="color:red">课中评价（70%）</p>：课中根据各环节学生小组探究任务完成情况开展小组互评与教师评价，考查学生对教学重点与教学难点的掌握情况。 <p style="color:red">课后评价（20%）</p>：课后结合学生任务完成情况开展教师评价，考查学生对于国学学习方法的理解与运用能力。 ＊单元教学评价结果作为"国学精粹"课程平时成绩评定依据。			
教学反思	信息化手段应用特色	（1）利用网络课程平台与精品课程平台，引导学生运用信息化教学资源进行自主探究和拓展学习。 （2）借助教学平台开展课堂提问、小组讨论与汇报，调动学生兴趣，提高学生参与度。		
^	教学预期效果	通过课程教学与实践，达到以下效果： （1）学生能说出国学的基本内涵与精神特质。 （2）学生能运用国学学习方法对课程学习进行规划。 （3）通过课程教学与实践，学生初步树立文化自觉意识，对中华文化的认同得到较大提高。		
^	不足之处	大部分学生对国学的理解偏重于知识层面，对身心安顿的生命学问的理解有一定困难，难以体会到国学经典与身心安顿的关系。		
^	改进措施	教师运用启发式教学、案例教学等教学法，引导学生结合自身生活实际，通过体验感悟的方式体会作为生命学问的国学内涵。		

模块二 守礼

礼的内涵与精神

所属课程	国学精粹	课程性质	公共基础必修课
所属模块	守礼	授课对象	所有专业
授课地点	多媒体教室	授课学时	2学时
授课形式		网络教学、情境教学	
教学目标		**知识目标**：能说出礼的概念与内涵，并准确理解礼的精神与价值。 **能力目标**：能在日常生活中思考、分析和运用礼仪规范。 **素质目标**：树立持敬守礼意识，养成守礼行为习惯。	
课程思政		习近平总书记在中共中央政治局第十八次集体学习时强调，我国古代主张民惟邦本、政得其民，**礼法合治**、德主刑辅，为政之要莫先于得人、治国先治吏，为政以德、正己修身，居安思危、改易更化。 　　本模块以社会主义核心价值观为指导，深入挖掘中华传统礼仪文化的精华，将传统礼仪文化的精髓与现代文明礼仪相结合，宣传推广**和谐**、**秩序**的礼仪文化理念，培养学生的**知礼**、**学礼**、**明礼**、**守礼**意识，贯彻习近平总书记在中共中央政治局第十八次集体学习时的讲话精神。	
学情分析		**知识基础分析**：学生对礼的认识主要停留在西方礼仪的层面，缺乏对传统礼仪的内涵与精神的认知，甚至产生误解。 **学生特点分析**：尚未树立自觉的礼仪意识，没有形成守礼的行为习惯。 **信息素养分析**：能熟练运用课程平台，具备一定的信息检索能力。 **爱好分析**：爱讨论、合作，爱观察、实践；怵干讲理论，怵死记硬背。	
教学内容		本模块选自全校公共基础课"国学精粹"，课程总体目标是培养具有良好人文素质、职业道德以及健全人格的新型高职人才。本模块选取传统礼仪内涵与精神作为教学内容，是课程的基础模块。本模块学习礼的起源、内涵与精神，让学生了解礼起源于事神致福的祭祀传统，理解中华传统礼仪关于"主敬"的内涵（礼之本），辨明礼的价值及其现代意义（礼之用），并能结合日常生活实际制定礼仪公约，树立学礼、守礼意识，养成持敬守礼的行为习惯。	
教学重难点		**教学重点**：(1) 准确理解礼的基本内涵与核心精神；(2) 掌握礼在现代社会的价值与意义。 **教学难点**：能结合日常生活实际践行礼仪规范，养成守礼意识与行为习惯。	

教材分析	本课程选用"十二五"职业教育国家规划教材《国学精粹》（第二版），该教材由中国人民大学出版社出版。 本单元学习内容对应《国学精粹》（第二版）绪论"国学与人生"模块。教材介绍了国学与礼的概念、内涵、精神等内容，有助于学生准确认识礼的价值与意义，树立持敬守礼意识，养成良好言行习惯。		
教学策略	根据教学内容与教学目标，针对学生的学情，采用任务驱动、项目教学、启发式教学、案例教学等教学法，设计"课前识礼—课中习礼、说礼、解礼、辨礼、明礼—课后行礼"的教学环节开展教学。 **课前：** 教师发布"识礼"任务，学生自主学习传统礼仪微课视频，拍摄"习礼"视频，教师根据任务完成情况及时调整教学策略。 **课中：** 设计"习礼、说礼、解礼、辨礼、明礼"环节，学生学习运用课程平台、汉字全息资源应用系统、中国哲学书电子化计划、"学习强国"学习平台、国家职业教育专业教学资源库等开展自主探究活动，教师根据学生探究情况，结合案例资源进行案例教学与启发式教学，通过"做中学、做中教"的方式，有效突破教学重难点。 **课后：** 推送"行礼"任务，学生完成"每日一礼"一周行为训练，将礼的思想内涵转化为实践内涵，实现知行合一。		
教学环境	略		
信息化教学资源	略		
教学实施	环节内容	教师活动	学生活动	信息化资源运用及效果
	课前准备 识"礼"	**【任务驱动法】** 教师课前在教学平台发布微课学习与习礼视频拍摄任务。 **【教师评价】** 教师对课前任务完成情况进行评价。	**【自主探究法】** 学生自主学习微课视频，并拍摄上传习礼视频。	学生学习国家职业教育专业教学资源库"四书五经导读"微课，初步了解礼的内容，体验传统揖礼，唤起学习兴趣。 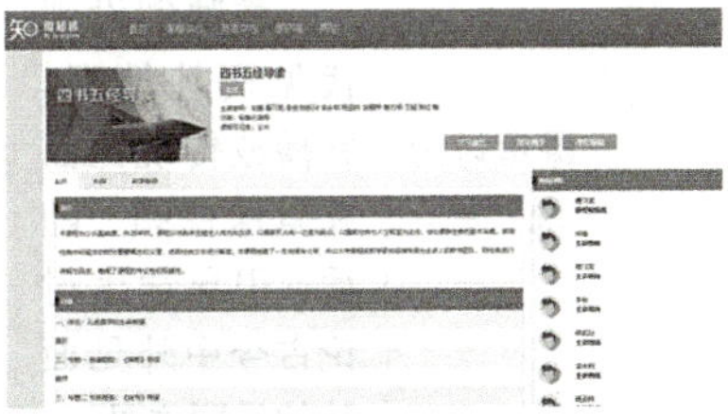 

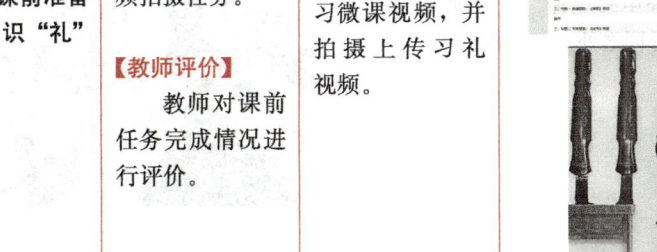

教学实施	课程前导习"礼"	【情境教学法】教师请学生上台演示揖礼，并结合揖礼教学视频对学生习礼过程中出现的问题进行点评。	【实践体验法】学生根据教师点评掌握揖礼动作要点，并在教师引导下齐向孔子像行揖礼，现场体验传统礼仪，涵养持敬守礼意识。	通过**教学平台**展示学生课前任务完成情况。 学生践习传统揖礼
	课堂讨论说"礼"	【情境教学法】教师创设现代见面礼情况，并播放传统见面礼微课视频。随后，引导学生讨论古今中外见面礼的异同之处。	【角色扮演法】学生表演现代问好之礼，并观看微课视频，思考古今中外见面礼的异同之处，进行分享讨论。	学生表演现代问好之礼 学生观看微课视频

教学实施	课堂探究 解"礼"	【任务驱动法】　教师结合学生讨论情况引入礼的内涵探究任务，引导学生使用信息化工具探究"礼"字的内涵。 【启发式教学法】　教师结合汇报情况和经典文本进行点拨，启发学生思考和理解礼的内涵（礼之本），**解决教学重点（1）**。 【教师评价】　教师根据小组汇报情况进行评价。	【自主探究法】 【小组合作法】　学生借助汉字全息资源应用系统、中国哲学书电子化计划完成探究任务，将探究结果发至课程平台，并汇报探究成果。	教师引导学生借助**汉字全息资源应用系统、中国哲学书电子化计划**完成探究活动，并结合经典文本进行理论点拨，**解决教学重点（1）**。  **汉字全息资源应用系统**  **学生分享小组讨论结果**
	课堂讨论 辨"礼"	【案例教学法】　教师播放案例视频，发布思考讨论题。 【启发式教学法】　教师结合社会主义核心价值观引导学生理解礼的价值（礼之用），**解决教学重点（2）**。	【小组讨论法】　学生分组讨论，并在课程平台分享讨论结果。 【学生互评】　学生对小组讨论结果进行互评。	学生结合**案例视频**与**社会主义核心价值观**体会礼的价值，实现**课程思政**，**解决教学重点（2）**。  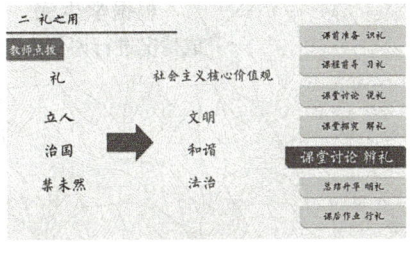 **课程思政**

教学实施	总结升华 明"礼"	【任务驱动法】 教师播放"学习强国"专家微课视频，发布"大学生礼仪公约"小组探究任务。 【启发式教学法】 教师根据小组探究结果进行总结升华，引导学生将礼的思想内涵转化为实践内涵，解决**教学难点**。	【小组讨论法】 学生观看专家微课视频，以小组为单元探究并制定本小组的"文明礼仪公约"。 【学生互评】 学生对小组探究结果进行互评。	教师结合**"学习强国"专家微课视频**，引导学生自主思考，将礼的思想内涵转化为实践内涵，解决**教学难点**。 
	课后作业 行"礼"	【任务驱动法】 课后教师在课程平台发布"每日一礼"行为训练任务。 【教师评价】 根据学生完成情况进行评价。	【实践体验法】 学生结合礼仪公约完成"每日一礼"任务，通过写日记、拍照留念、录制小视频等方式记录并上传至课程平台。 【学生互评】 学生对"每日一礼"完成情况进行互评。	教师通过**课程平台**发布"每日一礼"任务，学生通过课程平台提交作业。 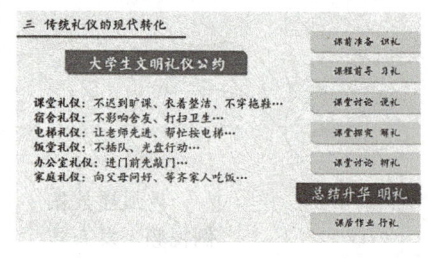 **大学生文明礼仪公约方案**  **"每日一礼"完成情况**

教学评价	课前评价（10%）：根据学生课前习礼情况进行教师评价。 课中评价（70%）：根据各环节学生探究任务完成情况进行学生互评与教师评价，考查学生对教学重难点的掌握情况。 课后评价（20%）：结合学生行礼任务完成情况进行学生互评与教师评价，考查学生对理论知识的实践转化与运用能力。 ＊单元教学评价结果作为"国学精粹"课程平时成绩评定依据。	
教学反思	信息化手段应用特色	（1）引导学生运用汉字全息资源应用系统、中国哲学书电子化计划等资源平台进行自主探究学习。 （2）借助"学习强国"学习平台慕课资源实现课程思政教育。
	教学预期效果	（1）学生能运用信息化工具分析"礼"的字形、字义。 （2）学生能简述礼的内涵与精神。 （3）通过课程教学与实践，学生能树立守礼意识，并能通过"每日一礼"行为训练养成守礼习惯。
	不足之处	学生对如何将礼的文化内涵转化为实践内涵存在一定困难，未能充分结合自身的生活实际来履行礼仪规范。
	改进措施	教师运用案例教学及课后"每日一礼"实践体验等教学法，引导学生结合生活实际，将理论内涵转化为实践内涵，提高学生知行合一能力。

模块三 明德

儒家概述

所属课程	国学精粹	课程性质	公共基础必修课
所属模块	明德	授课对象	所有专业
授课地点	多媒体教室	授课学时	1学时
授课形式		网络教学、情境教学	
教学目标		**知识目标**：能说出儒家思想发展的历史阶段和各阶段代表人物，能背诵1句儒家经典，能列举至少2部儒家经典著作。 **能力目标**：通过练习，准确解释经典的内涵与精神实质，学会儒家经典著作的阅读方法。 **素质目标**：在探索、合作、交流的过程中，养成正本清源读原典的学习习惯，学会运用儒家经典智慧解决现实生活中的困惑。		
课程思政		习近平总书记指出：孔子创立的**儒家学说**以及在此基础上发展起来的**儒家思想**，对中华文明产生了深刻影响，是中国传统文化的重要组成部分。儒家思想同中华民族形成和发展过程中所产生的其他思想文化一道，记载了中华民族自古以来在建设家园的奋斗中开展的精神活动、进行的理性思维、创造的文化成果，**反映了中华民族的精神追求**，是中华民族生生不息、**发展壮大的重要滋养**。 　　本单元通过课堂教学介绍儒家思想发展的历史阶段与精神实质，使学生了解儒家思想对中华文明产生的深刻影响，培养学生"以德立人"的意识，贯彻习近平总书记在纪念孔子诞辰2565周年国际学术研讨会上的讲话精神。		
学情分析		**知识基础分析**：学生已学习了知理、守礼等课程模块，对本课程的整体教学内容及"教学做一体化"教学模式有了初步了解，学生在进入大学之前已接触过儒家经典的片段及经典语句，知晓个别儒家思想代表人物，但大多不具备直接阅读经典文本的能力。 **学生特点分析**：对社会道德与规则有了初步体会但缺乏深刻认识，对传统文化的经典理论有接触但尚未形成独立思考与自身理解，易受传播媒体及身边环境的影响，对于如何处理自己在群体中与他人的关系以及如何履行对社会的义务和责任等存在困惑。 **信息素养分析**：能熟练运用课程平台，具备一定的基本信息检索能力。 **爱好分析**：爱讨论、合作，爱观察、实践；怵干讲理论，怵死记硬背。		

教学内容	本单元选自全校公共基础课"国学精粹",以儒家思想的概述作为本单元教学内容。"国学精粹"课程总体目标是培养具有良好人文素质、职业道德以及健全人格的新型高职人才。 　　本单元讲授的是儒家思想的概述、儒家思想发展的历史脉络与精神实质、儒家思想各阶段的代表人物与经典著作,是"国学精粹"课程中的核心模块。 　　本单元的知识点是儒家思想发展的历史阶段、各阶段代表人物及经典著作,儒家思想的精神实质。领会儒家思想的精神实质与当代价值对学生而言有一定的难度,需要教师通过讲解、案例分析等方式进行点拨升华。
教学重难点	**教学重点**：儒的含义与儒家思想的发展脉络。 **教学难点**：儒家思想的核心价值。
教材分析	本课程选用"十二五"职业教育国家规划教材《国学精粹》(第二版),该教材由中国人民大学出版社出版。 　　本单元教学内容对应教材第一编"儒家的人生智慧"导论部分内容。教材以简明扼要的方式介绍儒家思想发展的基本脉络,与本单元讲述内容相辅相成,为学生进一步自主探究儒家思想发展概况提供了参考材料。
教学策略	根据知行合一论、生活教育论与知情意行协调发展德育论,运用任务驱动、项目教学、问题探究、读书指导、启发式教学、案例教学等教学法,通过"课前识儒家—课中说儒家、解儒家、辨儒家、明儒家—课后诵经典"的教学环节,以学生为中心开展儒家思想概论的自主探究。 　　**课前**：依托课程平台发布"提交1句我最熟悉的儒家经典"任务,引导学生自主学习"国学精粹"相关微课程及查找资料。 　　**课中**：设计"说儒家(回顾)、解儒家、辨儒家、明儒家"等环节,引导学生运用汉字全息资源应用系统、中国哲学书电子化计划等信息化工具开展自主探究活动,教师根据学生探究汇报情况,结合电影选段、专家讲解、发展脉络图表进行点拨升华,通过"做中学、做中教"的方式,将探究任务的沉浸感与交互性带入学习中,并通过当场测试知识要点掌握情况与原典查找方法,有效突破教学重难点。 　　**课后**：推送"诵经典"任务,通过要求学生完成儒家经典文本的查找借阅,让学生掌握原典学习方法,巩固教学效果。
教学环境	略
信息化教学资源	略

	环节内容	教师活动	学生活动	信息化资源运用及效果
教学实施	课前准备 识"儒家"	【任务驱动法】 教师发布"提交1句我最熟悉的儒家经典"学习任务。	【自主探究法】 学生接收预习任务，自主探究并将探究成果上传至课程平台。	师生运用课程平台发布、接收任务以及预习文本，提高学习效率。
	课程前导 说"儒家"	教师简要介绍本单元学习内容，并请学生上台汇报课前探究成果。 【教师评价】 教师对课前任务完成情况进行评价。 【启发式教学法】 导入新闻片段《习近平在纪念孔子诞辰2565周年国际学术研讨会上的讲话》，点明儒家思想的当代价值。	【发现法】 学生汇报最熟悉的1句儒家经典文本的相关要点。 【发现法】 从习近平总书记讲话中抓住儒家思想当代价值的关键词。	学生汇报最熟悉的1句儒家经典，教师运用课程平台对学生课前任务完成情况进行评价。 运用多媒体技术播放新闻视频，吸引学生兴趣，点出学习儒家思想的当代意义。
	课堂点拨 解"儒家"	【问题探究法】 课前小调查：关于儒家思想认知程度的小调查，现场分析调查结果，掌握学生了解儒家思想的主要渠道与了解程度。	【练习法】 学生通过课程平台，现场提交调查结果。	课程平台呈现学生现场调查结果，教师分析点评。

教学实施	课堂点拨解"儒家"	【任务驱动法】教师发布探究任务一：运用汉字全息资源应用系统自主探究"儒"字的字形和字义，抄下并拍照发送到课程平台上，解决**教学重点**。	【自主探究法】学生运用自主探究法，借助汉字全息资源应用系统，运用已学习过的辅助工具，探究"儒"字最初的含义。	引导学生借助汉字全息资源应用系统进行探究活动，分析思考"儒"字字形、字义与儒家核心价值之间的关系。 
		【启发式教学法】教师对探究成果进行点评与补充说明，并引导学生提出疑问："儒"的最初含义是什么？儒家思想的精神实质与核心价值是什么？	【自主探究法】学生运用辅助工具自主查找"儒"字的含义后引起思考并回答。	学生分享探究结果，教师引导追问。 
	课堂探究辨"儒家"	【任务驱动法】教师以PBL形式发布探究任务二：以小组为单位，运用中国哲学书电子化计划，探究不同历史阶段的儒家经典著作与代表人物及其发挥的历史作用，绘制儒家思想发展脉络图。	【自主探究法】【小组合作法】学生进行分组探究，绘制儒家思想发展脉络图并进行汇报。	（1）引导学生借助中国哲学书电子化计划进行经典溯源，运用经典研读法寻找资料。  （2）将查找到的资源按自己的理解绘成示意图。 

教学实施	课堂探究辨"儒家"	【合作学习指导法】 【教师评价】 　　学生分组汇报，教师进行过程指导并点评。	学生分组汇报探究成果。	（3）小组代表汇报探究学习成果，梳理出儒家思想发展脉络图，解决教学重点问题。
	总结升华明"儒家"	【启发式教学法】 　　在学生分组汇报各历史时期儒家思想代表人物与代表著作的基础上，教师通过图表，介绍儒家思想的创始人孔子，总结儒家思想的核心价值，解决**教学难点**。	【发现法】 　　学生从本组的探究结果出发，深化对儒家思想发展史的理解。	通过**启发式教学法**，让学生从易到难，从熟悉的文本入手，学会追本溯源的传统经典学习方法，意识到要正本清源，站在历史环境的角度理解文本原义，才能准确把握儒家思想的精神实质，养成独立思考的习惯，领悟儒家思想核心价值在当代社会生活中的意义，突破**教学难点**。
	课后作业诵经典	知识点小测试："儒家概述"题库闯关获积分。 【教师评价】 　　根据学生完成情况进行评价。	【练习法】 　　巩固本节课所学知识点。	通过课程平台，现场测试本节课知识点掌握情况，学生通过答题获得平时成绩的积分。

教学实施	课后作业 诵经典	以儒家思想的精神追求"仁"为核心，查找不同历史时期儒家代表人物关于"仁"的一句经典论述，背诵该句经典，并将经典原文、出处、文本的现代阐释等写在《修习手册》上，拍照上传至课程平台。	【学生互评】 学生对平台上的作业进行互评。	学生通过课程平台接收并提交课后作业。
教学评价		课前评价（10%）：根据学生汇报情况开展教师评价，重点考查学生在课前"提交1句我最熟悉的儒家经典"任务中对经典的掌握程度及认知水平。 课中评价（70%）：根据学生小组探究任务完成情况开展教师评价，考查学生在小组合作探究过程中对经典研读法的掌握情况、小组分工合作与成果呈现的能力，以及对教学重难点的掌握情况。 课后评价（20%）：结合知识点闯关小测试和学生任务完成情况，以学生互评与知识点答题系统自动评价的方式开展教师评价，考查学生对儒家思想发展脉络及儒家代表人物等知识点的掌握情况。 *单元教学评价结果作为"国学精粹"课程平时成绩评定依据。		
教学反思	信息化手段应用特色	（1）利用课程资源平台，引导学生运用信息化教学资源进行自主探究学习和拓展学习。 （2）借助教学平台开展课堂提问与课堂互动，调动学生兴趣与积极性。		
	教学预期效果	（1）通过自主探究，学生能说出儒家思想发展的历史阶段和各阶段代表人物，能列举至少2部儒家经典著作。 （2）通过个人及小组反复练习、交流合作，能学会儒家经典著作的阅读方法，背诵1段儒家经典文本，理解经典文本蕴含的精神实质与核心价值。 （3）在探索、合作、交流的过程中，学生能初步了解学习资源的使用及正本清源读原典的学习方法，为后续学习提供入门的钥匙。		
	不足之处	部分学生在开展探究任务的过程中缺乏主动查找学习资源并将学习心得绘制成简单图表的能力，需要教师示范和引导。		
	改进措施	根据学生学习过程中出现的问题反复提点学习方法，进一步加强学生自主学习能力，培养其自主思考、主动解决问题的能力。		

儒家仁学大义

所属课程	国学精粹	课程性质	公共基础必修课
所属模块	明德	授课对象	所有专业
授课地点	多媒体教室	授课学时	1学时
授课形式		网络教学、情境教学	
教学目标		**知识目标**：能简要叙述儒家仁学思想的逻辑内涵。 **能力目标**：能有意识地运用儒家仁学思想待人、接物、处世。 **素质目标**：养成自我反省的习惯并落实，自觉将儒家明德精神内化为自身的思想品德和职业素养。
课程思政		习近平总书记指出：新时代中国青年要自觉树立和践行社会主义核心价值观，善于从中华民族传统美德中汲取道德滋养，从英雄人物和时代楷模的身上感受道德风范，从**自身内省中提升道德修为，明大德、守公德、严私德**，自觉抵制拜金主义、享乐主义、极端个人主义、历史虚无主义等错误思想，追求更有高度、更有境界、更有品位的人生，让清风正气、蓬勃朝气遍布全社会！ 　　本单元通过课堂教学传承发展儒家讲仁爱、求大同的核心思想理念，培养学生具备"天下兴亡、匹夫有责"的担当意识和精忠报国的爱国情怀，贯彻习近平总书记在纪念五四运动100周年大会上的讲话精神。
学情分析		**知识基础分析**：学生已学习知理、守礼、明德（儒家概述）模块，初步掌握儒家思想发展脉络，对儒家思想有了初步了解。 **学生特点分析**：学生从未成年跨入成年，从家庭生活转入集体生活，亟待思考与解决成年人应当如何规范自身的言行、如何处理好自己在群体中与他人的关系以及如何履行对社会的义务和责任等问题。 **信息素养分析**：能熟练运用课程平台，具备一定的基本信息检索能力。 **爱好分析**：爱讨论、合作，爱观察、实践；怵干讲理论，怵死记硬背。
教学内容		本单元选自全校公共基础课"国学精粹"，选取儒家仁学思想作为本单元教学内容。"国学精粹"课程总体目标是培养具有良好人文质素、职业道德以及健全人格的新型高职人才。 　　本单元讲授的儒家仁学思想以"修己"为核心思想，以"安人"为行动目标，以"安百姓"为最高理想，对于提升学生人文素养、树立敬业奉献的职业道德理念、形成高度社会责任感有重要作用，是"国学精粹"课程中的核心模块。 　　本单元的知识点是"仁"字关于"身心为仁""二人为仁""千心为仁"的三种形态、其背后关于"修己""安人""安百姓"的儒家仁学思想及"修己""安人""安百姓"之间的逻辑关系。学生通过自主探究，能分辨"仁"字的三种形态以及"二人为仁"所蕴含的"安人"思想，而"身心为仁""千心为仁"所对应的"修己""安百姓"思想对学生而言有一定的难度，需要教师通过讲解、案例分析等方式进行点拨升华。

教学重难点	**教学重点**：懂得借助工具综合分析掌握儒家仁学关于"修己""安人""安百姓"的思想内涵与逻辑关系。 **教学难点**：唤起"仁爱"意识，找到在现实生活中践行仁学大义的着力点。
教材分析	本课程选用"十二五"职业教育国家规划教材《国学精粹》（第二版），该教材由中国人民大学出版社出版。 本单元教学内容对应教材第一编"儒家的人生智慧"第一章"明德"的相关内容。教材简要介绍儒家明德思想，并配有典型案例、经典文本、经典故事、拓展阅读以及行为训练，与本单元讲述的"儒家仁学大义"互为表里，为学生课后自主探究儒家明德思想提供了良好的阅读素材。
教学策略	本课程根据知行合一论、生活教育论与知情意行协调发展德育论，运用任务驱动、项目教学、启发式教学、案例教学等教学法，通过"课前识仁、说仁—课中解仁、辨仁、明仁—课后笃仁"的教学环节，以学生为中心开展儒家仁学思想自主探究。 **课前**：依托课程平台发布微课学习和"说仁"任务，引导学生自主学习"国学精粹"相关微课程，并结合已有知识拍摄"说仁"视频，教师根据任务完成情况及时调整教学策略。 **课中**：设计"说仁（回顾）、解仁、辨仁、明仁"环节，引导学生运用汉字全息资源应用系统、中国哲学书电子化计划等信息化工具开展自主探究活动，教师根据学生探究汇报情况，结合电影选段、专家讲解、实际案例视频进行点拨升华，通过"做中学、做中教"的方式，将探究任务的沉浸感与交互性带入学习中，从而有效突破教学重难点。 **课后**：推送"笃仁"任务，通过要求学生完成一周行为内省心得，落实儒家仁学"修己以敬"的修身理念，巩固教学效果。
教学环境	略
信息化教学资源	略

	环节内容	教师活动	学生活动	信息化资源运用及效果
教学实施	课前准备识"仁"	【任务驱动法】 课前，教师在教学平台发布"说仁"视频拍摄任务。 【教师评价】 教师对上传的视频作业进行评价。	【自主探究法】 （1）学生自主学习视频微课程。 （2）回顾对儒家仁学思想的了解，拍摄上传"说仁"视频。 【学生互评】 通过点赞的方式对"说仁"视频进行互评。	教师运用课程平台远程发布任务，学生随时随地接收学习任务。 学生学习"国学精粹"省级精品资源共享课程，初步了解儒家仁学思想，唤起学习兴趣。 学生在课程平台上传"说仁"视频，并通过点赞的方式进行互评。

教学实施	课程前导说"仁"	教师播放经典吟诵视频，引导学生集体朗诵，并简要介绍单元学习内容。	欣赏经典吟诵视频，并集体朗诵儒家描述大同社会的经典文本。	运用**多媒体技术**播放经典吟诵视频，引发学生兴趣，引起学生家国情怀的情感共鸣。
		【启发式教学法】 教师播放、点评优秀"说仁"视频，并引导学生提出关于"仁"字的疑问。	【自主探究法】 回顾优秀"说仁"视频，思考：如何理解儒家对"仁"的不同说法？	通过**教学平台**展示学生任务完成情况。
	课堂探究一解"仁"	【任务驱动法】 教师发布探究任务一：运用汉字全息资源应用系统自主探究"仁"字的字形和字义，抄下并拍照发送到课程平台上。	【自主探究法】 学生进行探究并汇报成果。	引导学生借助**汉字全息资源应用系统**进行探究活动，发现"仁"字的不同字形，分析思考"仁"字字形与字义之间的关系。
		教师对探究成果进行点评与补充说明，并引导学生思考所提出的疑问。	学生聆听并提出疑问："仁"字不同类型的字形背后是否有不同的含义？	

教学实施	课堂探究二 辨"仁"	【启发式教学法】教师引导学生对不同形态的"仁"字进行分析思考，并用"摇一摇"的方式选取同学进行分类。	被选中的学生上台对"仁"字的不同形态进行分类。	（1）引导学生借助于**中国哲学书电子化计划**进行探究活动，结合经典文本理解三种形态的"仁"字背后的含义，加深对儒家仁学的理解，解决**教学重点**。 
		【任务驱动法】教师以竞赛形式发布探究任务二：以小组为单位，结合《论语》文本，运用中国哲学书电子化计划，探究"仁"字三种形态背后的含义。	【自主探究法】【小组合作法】学生进行分组探究并进行汇报。	（2）运用课程平台播放视频资源，巩固并引发学生初步思考如何将儒家仁学精神运用到实际生活之中。  播放《孔子》电影片段，使学生巩固对"二人为仁"的理解
		【案例教学法】教师根据学生小组汇报，结合案例视频、专家解说视频，解说"仁"字关于"二人为仁""身心为仁""千心为仁"三种形态背后蕴含的仁学内涵。(**教学重点**) 【教师评价】以小组为单位对学生探究成果进行评价。	学生聆听讲解，并结合视频案例、专家讲解深入理解"仁"字三种形态的内涵。	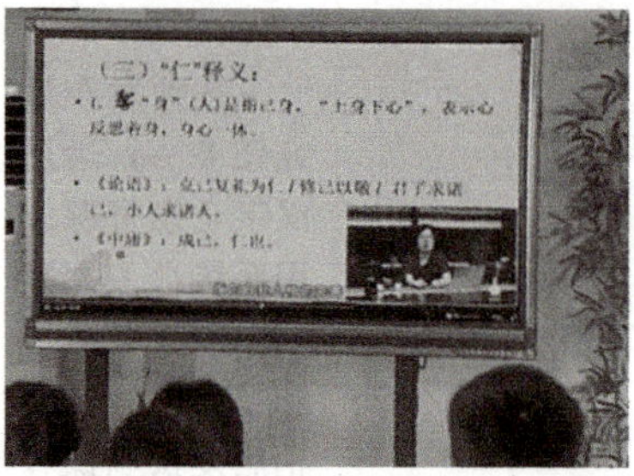 播放专家视频，介绍"身心为仁"的含义  播放杭州"拾荒老人"案例，加深学生对"千心为仁"的理解

教学实施	总结升华 明"仁"	【启发式教学法】 在学生理解"仁"字内涵的基础上，教师通过启发式提问，引导学生思考儒家"仁"学思想关于"修己""安人""安百姓"的逻辑关系，并引导学生思考如何在现实生活中落实儒家仁学大义。**(教学难点)**	学生在教师的引导下回答相关提问，唤起心中的仁爱意识。	通过**启发式教学法**，让学生养成自我反省的习惯，并在此基础上生发博爱之心，运用"仁者爱人""己所不欲，勿施于人"的原则待人、接物、处世，树立"兼济天下"的家国情怀，解决**教学难点**。
	课后作业 笃"仁"	【任务驱动法】 教师发布"笃仁"任务。 【教师评价】 教师对上传的作业进行评价。	【实践体验法】 学生每周总结自己的行为是否做到了"克己复礼"，形成内省心得并上传至课程平台。 【学生互评】 对其他同学上传的内省心得进行评价。	通过**课程平台**发布课后任务，学生按要求完成作业后上传并进行互评。

教学评价	**课前评价（10%）**：结合学生任务完成情况以及学生互评开展教师评价，重点考查学生课前预习情况。 **课中评价（70%）**：根据各环节学生小组探究任务完成情况开展教师评价，考查学生对教学重难点的掌握情况。 **课后评价（20%）**：结合学生任务完成情况以及学生互评开展教师评价，考查学生在现实生活中践行仁学"克己复礼"的落实情况。 ＊单元教学评价结果作为"国学精粹"课程平时成绩评定依据。

教学反思	信息化手段应用特色	（1）利用课程平台，引导学生运用信息化教学资源进行自主探究学习和拓展学习。 （2）借助教学平台开展课堂提问与课堂互动，调动学生兴趣与积极性。
	教学预期效果	（1）学生能简述儒家仁学的三层含义。 （2）学生能借用工具自行分析"仁"字的字形、字义以及经典文本之间的关系。 （3）通过课程教学与实践，学生找到在生活中涵养自身品德的着力点，懂得"仁者爱人""己所不欲，勿施于人"的处世原则，同时初步唤起学生"兼济天下"的家国情怀。
	不足之处	在开展探究任务的过程中，部分学生面对资料不足的情况缺乏应变能力，需要教师引导提醒。
	改进措施	进一步加强学生应变能力，培养其自主思考、主动解决问题的能力。

模块四 知耻

儒家耻观思想

所属课程	国学精粹	课程性质	公共基础必修课
所属模块	知耻	授课对象	所有专业
授课地点	多媒体教室	授课学时	2学时
授课形式	网络教学、情境教学		
教学目标	**知识目标**：能说出"耻"的文字学内涵与思想内涵。 **能力目标**：能运用儒家耻观反省自己，具有一定的反思和分析能力。 **素质目标**：树立正确的价值观、职业观，具备改过迁善的素养。		
课程思政	习近平总书记指出："**不知耻者，无所不为。**"没有道德滋养，法治文化就缺乏源头活水，法律实施就缺乏坚实社会基础。在推进依法治国过程中，必须大力弘扬社会主义核心价值观，弘扬中华传统美德，培育社会公德、职业道德、家庭美德、个人品德，提高全民族思想道德水平，为依法治国创建良好人文环境。 本模块通过课堂教学引导学生践行儒家"行己有耻""知耻后勇"的思想观念，贯彻习近平总书记关于"坚持依法治国和以德治国相结合"的讲话精神。		
学情分析	**知识基础分析**：学生已学习知理、守礼、明德等模块，对儒家修身、治国、平天下的思想已有了初步了解，尤其经过前一单元（明德）的学习，初步明确了反身自省的重要性。 **学生特点分析**：学生在大学期间是形成和确立世界观、人生观和价值观的重要阶段，此时学生"三观"尚未完全定型，愿意接受新事物、新知识、新思想，在价值观的形成上有较大的可塑性。 **信息素养分析**：能熟练运用课程平台，具备一定的基本信息检索能力。 **爱好分析**：爱讨论、合作、爱观察、实践；怵干讲理论，怵死记硬背。		
教学内容	本单元选自全校公共基础课"国学精粹"，选取儒家知耻思想作为本单元教学内容。"国学精粹"课程的总体目标是培养具有良好人文素质、职业道德以及健全人格的新型高职人才。 本单元讲授的耻观思想是修身立德的前提，耻具有"从耳从心""从耳从止"两种含义，羞耻之心是形成正确价值判断的来源（羞耻之心为义之端）。儒家主张要行己有耻，并要知耻而后勇。通过课程教学，可以培养学生的反思意识与惭愧心，发起改过自新的修身追求，培养学生具备中华传统美德，树立社会主义核心价值观。		
教学重难点	**教学重点**：理解和掌握儒家的耻观思想。 **教学难点**：能运用儒家耻辱观反省自己，树立知耻后勇、知过能改的意识。		

教材分析		本课程选用"十二五"职业教育国家规划教材《国学精粹》(第二版),该教材由中国人民大学出版社出版。 　　本单元教学内容对应教材第一编"儒家的人生智慧"第二章"修身"的相关内容。教材简要介绍儒家修身思想,并配有典型案例、经典文本、经典故事、拓展阅读以及行为训练,与本单元讲述的"儒家耻观思想"相辅相成,为学生课后自主探究儒家耻观思想、养成改过迁善意识提供了良好的阅读素材。
教学策略		本课程根据知行合一论、生活教育论与知情意行协调发展德育论,运用任务驱动、自主探究、情境教学、启发式教学、案例教学等教学法,通过"课前识耻—课中说耻、体耻、辨耻、明耻—课后行耻"的教学环节,以学生为中心开展儒家耻观思想的学习。 　　**课前**:依托课程平台发布文字探究任务。 　　**课中**:设计"说耻、体耻、辨耻、明耻"环节,引导学生运用汉字全息资源应用系统、中国哲学书电子化计划等信息化工具开展自主探究活动,教师引导学生结合经典文本与案例理解儒家耻观思想,体会反求诸己、求吾放心的修身思想,反省自身不足,学会改过自新,通过"做中学、做中教",有效掌握教学重难点。 　　**课后**:发布"行耻"任务,要求学生结合行为小检测弥补自己做过的一件可耻之事,并将完成情况发至教学平台,将儒家耻观思想内涵转换为学生修身实践内涵。
教学环境		略
信息化教学资源		略
教学实施	环节内容	教师活动	学生活动	信息化资源运用及效果
	课程前导识"耻"	【任务驱动法】 　　教师在教学平台发布课前探究任务,并指定小组分派角色扮演任务。 【教师评价】 　　教师对学生探究成果进行评价。	【自主探究法】 　　学生接收任务,自主探究找出关于"耻"的经典文本并抄写不同书体的"耻"字,然后上传探究成果至课程平台。 【小组合作法】 　　领取角色扮演任务的小组开展排练活动。 【学生互评】 　　学生对探究成果进行互评。	教师运用课程平台远程发布任务;学生随时随地接收学习任务,完成课前任务并反馈学习结果。 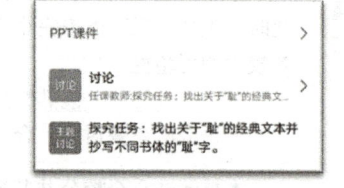 学生使用**汉字全息资源应用系统**等数字化资源进行自主探究,初步了解课程主题,唤起学习兴趣。 

教学实施	课堂探究说"耻"	**【启发式教学法】** （1）教师回顾课前任务，选取点赞数最多的同学汇报探究成果。 （2）根据学生探究情况，进一步引导学生结合自身体验体会"耻"字"从耳从心""从耳从止"的两种含义。 （3）教师从"耻"的文字内涵进一步引申至孟子关于羞耻之心的经典内涵。	学生汇报课前探究过程与结果，提出探究过程中遇到的问题与疑惑。	在课前探究活动的基础上引导学生思考分析"耻"的两个字形与字义之间的关系，深入理解"耻"的内涵，解决**教学重点**。   学生汇报课前探究成果  教师讲解"耻"的字形与字义  学生学习孟子关于羞耻之心的经典
	角色扮演体"耻"	**【情境教学法】** 教师引导小组学生表演"阳明审案"故事，结合学生日常生活让学生切身体会自己本有的良知，并以此引申至儒家关于羞耻之心的思想。	**【实践体验法】** 学生表演"阳明审案"经典故事。	运用**情境教学法**，让学生通过角色扮演，展现经典故事的思想内涵，理解儒家关于羞耻之心人皆本具的思想，深入讲解**教学重点**。  学生表演经典故事

教学实施	课堂探究辨"耻"	【案例教学法】 （1）教师分享关于少年违法犯罪心理变化的案例，引导学生思考少年为什么从善良之人变成罪犯。 （2）教师根据学生讨论结果，引导学生在现实生活中把握"先义后利"的原则来避免耻辱。 【教师评价】 教师根据小组讨论情况进行评价。	【小组讨论法】 学生进行分组讨论并进行汇报。	通过**案例教学**，让学生观察羞耻之心消失的过程，强化学生对孟子关于"放心"的理解，让学生在现实生活中体会行己有耻，解决**教学重点**。  小组围绕问题展开讨论  学生汇报小组讨论结果
	总结升华明"耻"	【案例教学法】 教师引导学生观看**国学案例视频**《小偷改过自新后担任故宫改造顾问》，并结合经典文本，揭示儒家改过迁善之法。 【启发式教学法】 教师发布"放纸条"行为小任务，引导学生学习如何正确处理自己做过的可耻之事。	【情境体验法】 学生反思自己的不当言行，将写下可耻之事的纸条放在锦盒（改过）中。	通过观看**国学案例视频**，让学生体会改过迁善的意义。教师通过**启发式教学**，引导学生分析和理解经典，唤起学生知耻而后勇的意识，使学生勇于直面自身过错、发愤迁善，解决**教学难点**。  学生观看案例视频  "放纸条"行为检测

教学实施	课后作业 行"耻"	【任务驱动法】 教师发布课后践习任务。 【教师评价】 教师根据学生任务完成情况进行评价。	【实践体验法】 学生努力改正放进锦盒（改过）的可耻之事，并将落实情况发至教学平台。 【学生互评】 学生之间通过开展互评进行互相监督。	通过**课程平台**发布课后任务，引导学生结合自身实际落实行己有耻、知耻后勇，将知耻的思想内涵转化为实践内涵。
教学评价	\multicolumn{4}{l	}{**课前评价（10%）**：根据学生任务完成情况进行学生互评与教师评价，重点考查学生课前预习情况。 **课中评价（70%）**：根据各环节学生小组探究任务完成情况开展教师评价，考查学生对教学重难点的掌握情况。 **课后评价（20%）**：结合学生任务完成情况进行学生互评与教师评价，考查学生在实际生活中改过迁善行为的落实情况。 *单元教学评价结果作为"国学精粹"课程平时成绩评定依据。}
教学反思	信息化手段应用特色	\multicolumn{3}{l	}{（1）利用网络课程平台，引导学生运用信息化教学资源进行自主探究学习和拓展学习。 （2）借助教学平台开展课堂提问与课堂互动，调动学生兴趣与积极性。}
	教学预期效果	\multicolumn{3}{l	}{（1）学生能简述"耻"的文字学内涵与思想内涵。 （2）学生能借用工具自行分析"耻"字的字形、字义以及经典文本之间的关系。 （3）通过课程教学与实践，学生能体会羞耻之心是道德觉醒来源的思想内涵，具备基本的反思能力，进一步树立反求诸己的反省意识与改过意识，能参照中华优秀传统文化核心思想理念、社会主义核心价值观等标准确立自己的价值观。}
	不足之处	\multicolumn{3}{l	}{在互动环节，极个别学生由于身边的同学在场，羞于在纸条上记下自身的可耻行为，出现"白条"的情况。}
	改进措施	\multicolumn{3}{l	}{今后可结合信息化手段改进环节设计，让每个同学在个人隐私得到保护的前提下，勇于直面自身过错。}

模块五 立志

儒家立志思想

所属课程	国学精粹	课程性质	公共基础必修课
所属模块	立志	授课对象	所有专业
授课地点	多媒体教室	授课学时	1学时
授课形式	网络教学、情境教学		
教学目标	**知识目标**：掌握"志"的定义，了解职业与志业的区别，理解儒者立志的不同层面。 **能力目标**：能根据自身志向制定每个阶段的目标。 **素质目标**：树立修身志向，确立远大理想与精神追求。			
课程思政	习近平总书记指出："立志而圣则圣矣，立志而贤则贤矣"。青年的人生目标会有不同，职业选择也有差异，但只有把自己的小我融入祖国的大我、人民的大我之中，与时代同步伐，与人民共命运，才能更好实现人生价值，升华人生境界。 本模块通过课堂教学，发挥榜样的力量，引导学生树立远大理想，贯彻习近平总书记在纪念五四运动100周年大会上的讲话精神。			
学情分析	**知识基础分析**：学生已学习知理、守礼、明德、知耻等模块，基本掌握了儒家关于讲仁爱、崇正义、求大同的思想理念，尤其经过前一单元（知耻）的学习，初步树立了行己有耻、改过迁善的意识。 **学生特点分析**：根据课程调查反馈，学生从高中进入大学，一方面对人生和未来充满希望与期待，另一方面也存在一些迷茫，包括对人生没有目标、没有学习动力、担忧工作前景、缺乏毅力等，尤其对于该如何规划人生、树立怎样的理想等问题亟待思考与解决。 **信息素养分析**：能熟练运用课程平台，具备一定的基本信息检索能力。 **爱好分析**：爱讨论、合作，爱观察、实践；怵干讲理论，怵死记硬背。			
教学内容	本单元选自全校公共基础课"国学精粹"，选取儒家立志思想作为本单元教学内容。"国学精粹"课程总体目标是培养具有良好人文素质、职业道德以及健全人格的新型高职人才。 本单元主要讲授儒家立志思想，让学生掌握"志"的定义，了解职业与志业的区别，理解儒者立志的不同层面，发挥榜样的力量，引导学生树立修身立德的志向，发起职业与志业共进的德技并修追求。			

教学重难点	**教学重点**：（1）理解和掌握志的含义，梳理职业与志业之间的关系；（2）理解和掌握儒家的立志思想内涵。 **教学难点**：结合儒家立志思想，产生树立远大理想与精神追求的动力。
教材分析	本课程选用"十二五"职业教育国家规划教材《国学精粹》（第二版），该教材由中国人民大学出版社出版。 本单元教学内容对应教材第一编"儒家的人生智慧"第二章"修身"的相关内容。教材简要介绍了儒家修身思想，并配有典型案例、经典文本、经典故事、拓展阅读以及行为训练，与本单元讲述的"儒家立志思想"相辅相成，为学生课后自主探究儒家立志思想提供了良好的阅读素材。
教学策略	本课程根据知行合一论、生活教育论与知情意行协调发展德育论，以学生为中心，运用任务驱动、自主探究、情境教学、启发式教学、案例教学等教学法，通过"课前识志—课中说志、解志、辨志、明志—课后笃志"的教学环节开展儒家立志思想的学习。 **课前**：设计"识志"环节，依托课程平台发布行为检测、文字探究、国学小故事表演任务，教师根据任务完成情况了解学生学习状况，调整教学策略。 **课中**：设计"说志、解志、辨志、明志"环节，引导学生运用汉字全息资源应用系统探究"志"的文字学内涵，结合经典文本与案例理解儒家立志的思想内涵，认识"志"的不同层面，结合成长成才需要思考职业与志业发展规划，确立远大的理想与道德追求，通过"做中学、做中教"，有效解决教学重难点问题。 **课后**：发布"笃志"任务，要求学生结合寻找"榜样的力量"专题人物，制定职业与专业发展规划，将儒家立志思想内涵转换为学生修身实践内涵。
教学环境	略
信息化教学资源	略

	环节内容	教师活动	学生活动	信息化资源运用及效果
教学实施	课前准备 识"志"	【任务驱动法】教师在教学平台发布小组课前探究任务，选定小组并分派角色扮演任务。 【教师评价】教师对学生上传的作业进行评价。	【自主探究法】学生完成"志"的字形字义探究，并将探究结果提交至教学平台。 【小组合作法】领取角色扮演任务的小组开展排练活动。	教师运用教学平台远程发布任务；学生随时随地接收学习任务。 使用**汉字全息资源应用系统**等数字化资源进行自主探究，初步了解课程主题，唤起学习兴趣。
	课程前导 说"志"	【启发式教学法】教师选取学生汇报课前关于"志"字的探究成果。随后，根据学生汇报情况引导学生思考职业与志业（人生志向）的关系。	被选中的学生汇报探究成果。随后，全体学生在教师的引导下深入理解职业与志业之间的关系。	引导学生借助**汉字全息资源系统**进行探究活动，思考和分析"志"的字形与字义，理解"志"的文字学内涵，梳理职业与志业之间的关系，解决**教学重点（1）**。

教学 实施	课堂探究 解"志"	【启发式教学法】 【案例教学法】 　　教师播放专家视频，引导学生思考立志的重要性。	学生思考回答"人为何要立志"这一问题。	播放**专家视频和王阳明"立志作圣"的案例视频**，结合经典文本，以**启发式教学法**引导学生深入理解立志的重要性，同时初步唤起学生"志当存高远"的意识，为解决教学难点做准备。
		【启发式教学法】 【案例教学法】 　　教师结合经典文本和王阳明"立志作圣"的案例，初步唤起学生"志当存高远"的意识。	通过观看视频，学生深入体会王阳明立志作圣的高远志向。	
	角色扮演 辨"志"	【情境教学法】 　　教师引导学生开展角色扮演活动。随后，结合经典文本讲解孔子及其弟子的志向的三个层次，阐发儒家关于"明明德""亲民""安百姓"的思想境界。	【情境体验法】 　　学生表演"孔门论志"小故事（老者安之，朋友信之，少者怀之），展现孔子及其弟子的精神追求。	运用**情境教学法**，让学生通过角色扮演，展现经典故事的内涵，深入体会、把握儒者的志向追求，**解决教学重点（2）**。

教学实施	总结升华明"志"	【案例教学法】 教师播放"青年榜样习近平"微视频，结合"学习强国"平台相关资源，引导学生思考职业与志业的关系，发布"职业+志向"规划思考题。 【教师评价】 教师根据小组讨论和学生回答情况进行评价。	【小组合作法】 学生观看微视频，并开展小组讨论，思考所向往的职业需要有怎样的志业（品德修养）与之相配。	结合儒家立志思想内涵，运用"**学习强国**"**平台资源**开展思政教育，引导学生树立远大的职业理想与精神追求，解决**教学难点**。  
	课后作业笃"志"	【任务驱动法】 教师发布课后践习任务。 【教师评价】 教师根据任务完成情况进行评价。	【实践体验法】 学生结合"榜样的力量"寻找与自己理想职业相关的成长成才榜样人物故事，参照其成功经验，制定自己详细的职业与志业发展规划，分享至教学平台。 【学生互评】 学生之间开展相互评价。	通过**课程平台**发布课后任务，引导学生结合儒家立志思想，根据成长成才需要制定详细的职业与志业发展规划，将立志的思想内涵转化为实践内涵。  

教学评价	\multicolumn{2}{l	}{　　**课前评价（10%）**：根据学生任务完成情况开展教师评价，重点考查学生课前预习情况。 　　**课中评价（70%）**：根据各环节学生小组探究任务完成情况开展教师评价，考查学生对教学重难点的掌握情况。 　　**课后评价（20%）**：结合学生任务完成情况以及学生互评开展教师评价，考查学生运用儒家立志思想制定个人职业与志业发展规划的落实情况。 　　＊单元教学评价结果作为"国学精粹"课程平时成绩评定依据。}
教学反思	信息化手段应用特色	（1）利用网络课程平台，引导学生运用信息化教学资源进行自主探究学习和拓展学习。 （2）借助教学平台开展课堂提问与课堂互动，调动学生兴趣与积极性。
	教学预期效果	（1）学生能简述"志"的文字学内涵与儒家立志的思想内涵。 （2）学生能借用信息化工具自行分析"志"字的字形、字义以及经典文本之间的关系。 （3）通过课程教学与实践，学生认识到修身立德是人生未来规划的精神动力，能根据自身的成长成才需要制定职业与志业发展规划。
	不足之处	小组讨论与协作的学习方式有利于大多数学生思辨进取，但也存在个别学生"搭便车"的现象。
	改进措施	针对小组协作活动中存在的个别学生"搭便车"的现象，在后续教学中可合理利用信息化手段进行督促。

模块六　好学

儒家为学之道

所属课程	国学精粹	课程性质	公共基础必修课
所属模块	好学	授课对象	所有专业
授课地点	多媒体教室	授课学时	1学时
授课形式	网络教学、情境教学		
教学目标	**知识目标**：能简述儒家为学之道在于提升内在生命觉悟的深层含义；熟悉儒家治学修身的基本门径。 **能力目标**：能有意识地运用儒家治学修身的方法提高学习效率、提升个人修养。 **素质目标**：唤起"学而不厌"的好学精神，形成自觉修身治学的良好习惯。		
课程思政	习近平总书记指出："**好学才能上进**。中国共产党人依靠学习走到今天，也必然要依靠学习走向未来。我们的干部要上进，我们的党要上进，我们的国家要上进，我们的民族要上进，就必须**大兴学习之风，坚持学习、学习、再学习，坚持实践、实践、再实践**。" 本模块通过课堂教学促学、劝学，贯彻习近平总书记提出的关于"好学才能上进""大兴学习之风"的讲话精神。		
学情分析	**知识基础分析**：学生已学习知理、守礼、明德、知耻、立志等模块，基本掌握了儒家关于讲仁爱、崇正义、求大同的思想理念，尤其经过前一单元"立志"的学习，初步思考了确立个人志向的问题。 **学生特点分析**：学生从高中进入大学，对"学"的认知仍停留在知识技能习得的层次，对于提升精神生命的学问缺乏认知，尤其对于如何实现个人理想、如何安顿自身内在生命等问题亟待思考与解决。 **信息素养分析**：能熟练运用课程平台，具备一定的基本信息检索能力。 **爱好分析**：爱讨论、合作，爱观察、实践；怵干讲理论，怵死记硬背。		
教学内容	本单元选自全校公共基础课"国学精粹"，选取儒家为学之道作为本单元教学内容。"国学精粹"课程总体目标是培养具有良好人文素质、职业道德以及健全人格的新型高职人才。 本单元讲授的儒家为学之道以"内在的生命觉悟"为核心思想，以日常修身治学为入手门径、以"学而不厌"的好学精神为终极追求，对于提升学生人文素养、树立"精益求精"的工匠精神、大兴学习之风有重要作用，是"国学精粹"课程中的重要模块。 本单元的知识点是"为学即是内在生命的觉悟""好学的核心追求在于提升个人修养""好学的理想境界在于学而不厌"，以及修身治学的入手门径。学生通过自主探究和启发式问答能基本掌握上述知识点。然而，要真正唤起好学精神、养成修身治学的行为习惯具有一定的难度，需要教师通过案例分析和课后笃"学"任务的布置和检查来加以督促落实。		

教学 重难点	**教学重点**：（1）理解儒家为学之道关于内在生命觉悟的深层含义；（2）掌握修身治学的具体方法，养成修身治学的习惯。 **教学难点**：唤起学生学而不厌、温故知新、精益求精的好学精神，大兴学习之风。
教材 分析	本课程选用"十二五"职业教育国家规划教材《国学精粹》（第二版），该教材由中国人民大学出版社出版。 本单元教学内容对应教材第一编"儒家的人生智慧"第二章"修身"的相关内容。教材简要介绍儒家修身思想，并配有典型案例、经典文本、经典故事、拓展阅读以及行为训练，与本单元讲述的"儒家为学之道"相辅相成，为学生课后自主探究儒家好学思想提供了良好的阅读素材。
教学 策略	本课程根据知行合一论、生活教育论与知情意行协调发展德育论，运用任务驱动、项目教学、启发式教学、案例教学等教学法，通过"课前识学—课中说学、解学、明学、志学—课后笃学"的教学环节，以学生为中心开展儒家为学思想自主探究。 **课前**：依托课程平台发布"识学"任务，引导学生自主查找"学"字的形、音、义，教师根据任务完成情况及时调整教学策略。 **课中**：设计"说学、解学、明学、志学"环节，引导学生运用中国哲学书电子化计划等信息化工具开展自主探究活动，教师根据学生探究汇报情况，结合实际案例分析、经典文本讲解、孔子学琴故事研讨等方式进行点拨升华，通过"做中学、做中教"的方式，将探究任务的沉浸感与交互性带入学习中，从而有效突破教学重难点。 **课后**：推送"笃学"任务，通过要求学生按计划开展修身治学活动，唤起学生的好学精神，大兴学习之风，巩固教学效果。
教学 环境	略
信息化 教学 资源	略

环节内容		教师活动	学生活动	信息化资源运用及效果
教学实施	课前准备识"学"	【任务驱动法】教师在教学平台发布识"学"任务，引导学生运用汉字全息资源应用系统查找"学"字的形、音、义。 【教师评价】教师对任务完成情况进行评价。	【自主探究法】学生接收任务，自主探寻"学"字的形、音、义，并将探究成果发送到教学平台。	教师运用教学平台远程发布任务，学生随时随地接收学习任务。 学生自主探究"学"字的深层含义，初步了解"学"与"觉悟"的关系，唤起学习兴趣。
	课程前导说"学"	【启发式教学法】【案例教学法】教师简要介绍本单元学习内容，并请同学汇报课前探究成果。随后，教师点评学生探究成果并引出"阿里巴巴开除写代码抢月饼工程师"案例，引导学生思考并回答"掌握丰富的技能知识是否算得上是好学"这一问题。 【启发式教学法】【案例教学法】教师结合学生对案例的思考，讲解"学"字关于"觉悟"的含义。	被选中的学生上台汇报课前探究成果。随后，全体学生结合案例思考并回答问题。 学生根据教师的讲解深入思考"学"的深层含义。	运用案例分析法，引导学生结合《说文解字》中关于"学"字的解释，揭示"学"字关于内在生命觉悟的深层含义，初步讲解**教学重点**。

教学实施	课堂探究解"学"	**【任务驱动法】** （1）教师发布探究任务：以小组为单位，运用中国哲学书电子化计划，找出《论语》中讨论"学"的文本，并进行简单汇报 （2）教师根据学生小组汇报进行评价，并结合经典文本讲解"好学"的内涵。 **【教师评价】** 教师对任务完成情况进行评价。	**【小组合作法】** 学生进行分组探究并进行汇报。	引导学生借助**中国哲学书电子化计划**开展探究活动，结合经典文本理解"学"的具体内容，加深对儒家为学之道的理解，厘清"好学"的含义，解决**教学重点（1）**。
	课堂探究明"学"	**【启发式教学法】** **【案例教学法】** （1）教师播放"孔子学琴"的故事，引导学生思考回答视频对自己的启发。 （2）教师点评学生的回答，结合经典文本，讲解儒家关于"学而不厌""温故知新""精益求精"的教诲。	学生观看视频并思考回答案例给予的启发。	结合"孔子学琴"的案例和儒家经典文本，引导学生思考好学者应该具有何种精神状态，唤起学生的"好学"意识，解决**教学难点**。

教学实施	总结升华 志"学"	【启发式教学法】 【案例教学法】 教师在总结儒家治学精神的基础上，择要讲解"曾国藩修身十二法"，并引导学生依据曾国藩修身课程，制定自己的修身治学日程。	学生参考曾国藩修身课程初步制定自己的修身治学日程。	通过**启发式教学法**，让学生意识到要养成修身治学的行为习惯，并订立自己的修身治学日程，解决**教学重点**（2）。  
	课后作业 笃"学"	【任务驱动】 教师发布"笃"学任务，引导学生落实自己制定的修身治学日程。 【教师评价】 教师根据任务完成情况进行评价。	【实践体验法】 学生完成修身治学日程并记录在本子上。 【学生互评】 通过开展学生互评，引导学生互相监督任务落实情况。	通过**课程平台**发布课后任务，学生按要求完成作业，并按照教师抽查要求拍照上传。 
教学评价	课前评价（10%）：根据学生任务完成情况开展教师评价，重点考查学生课前预习情况。 课中评价（70%）：根据各环节学生小组探究任务完成情况开展教师评价，考查学生对教学重难点的掌握情况。 课后评价（20%）：结合学生任务完成情况以及学生互评开展教师评价，考查学生对于制定修身治学日程的落实情况。 ＊单元教学评价结果作为"国学精粹"课程平时成绩评定依据。			

教学反思	信息化手段应用特色	（1）利用网络平台，引导学生运用信息化教学资源进行自主探究学习和拓展学习。 （2）借助教学平台开展课堂提问与课堂互动，调动学生兴趣与积极性。
	教学预期效果	（1）学生能简述儒家为学之道的深层含义。 （2）学生能借助信息化工具自行分析"学"字的字形、字义以及经典文本之间的关系。 （3）通过课程教学与实践，学生找到了修身治学的入门路径，初步唤起了学生"学而不厌"的好学意识，在班级中兴起学习之风。
	不足之处	学生在完成任务的过程中，面对突发状况和临时提问时缺乏应变能力，主动性不够强，需要教师提醒。
	改进措施	进一步加强学生应变能力和突发状况处理能力的训练，培养其自主思考、主动解决问题的能力。

模块七 孝亲

儒家孝亲之道

所属课程	国学精粹	课程性质	公共基础必修课
所属模块	孝亲	授课对象	所有专业
授课地点	多媒体教室	授课学时	2 学时
授课形式	\multicolumn{3}{c}{网络教学、情境教学}			
教学目标	\multicolumn{3}{l}{**知识目标**：能简述"孝"的含义与儒家孝亲的思想内涵。 **能力目标**：能运用孝亲思想处理好与父母的关系。 **素质目标**：树立孝亲意识，懂得如何尊重和感恩父母。}			
课程思政	\multicolumn{3}{l}{习近平总书记指出：古人讲，"**夫孝，德之本也**"。自古以来，中国人就提倡**孝老爱亲**，倡导老吾老以及人之老、幼吾幼以及人之幼……让老年人老有所养、老有所依、老有所乐、老有所安，关系社会和谐稳定。我们要在全社会大力提倡尊敬老人、关爱老人、赡养老人，大力发展老龄事业，让所有老年人都能有一个幸福美满的晚年。 本模块通过讲授儒家孝亲思想，引导学生践行孝老爱亲的中华传统美德，贯彻习近平总书记在 2019 年春节团拜会上的讲话精神。}			
学情分析	\multicolumn{3}{l}{**知识基础分析**：学生已学习知理、守礼、明德、知耻、立志、好学等模块，基本掌握了儒家关于讲仁爱、崇正义、求大同的思想理念，初步树立了人生志向，掌握了儒家修身治学的入门路径。 **学生特点分析**：学生处于"被父母照顾"向"照顾父母"的转变阶段，但却尚未明确树立主动关爱父母的意识，不能很好地处理与父母之间的关系。 **信息素养分析**：能熟练运用课程平台，具备一定的基本信息检索能力。 **爱好分析**：爱讨论、合作，爱观察、实践；怵干讲理论，怵死记硬背。}			
教学内容	\multicolumn{3}{l}{本单元选自全校公共基础课"国学精粹"，选取儒家孝亲思想作为本单元教学内容。"国学精粹"课程的总体目标是培养具有良好人文素质、职业道德以及健全人格的新型高职人才。 按照传统《大学》修身、齐家的修养功夫次第，十分注重通过"孝亲"来培养人的"仁爱"之心，《论语》有"孝悌为仁之本"之说。课程针对高职一年级学生的身心特征与学习特点，对传统的孝文化进行符合高职教育的现代转化，通过学习"孝"的文字学内涵与思想内容，唤起学生的孝亲意识，让学生体会孝老爱亲之道，培养学生的道德自觉与责任意识，养成尊敬父母、关心父母的态度与行为规范。}			

教学重难点	**教学重点**：理解儒家孝亲思想内涵。 **教学难点**：通过情感触发，唤起学生的"孝亲"意识，并将孝亲思想内涵转化为学生日常行为实践，实现知行合一。	
教材分析	本课程选用"十二五"职业教育国家规划教材《国学精粹》（第二版），该教材由中国人民大学出版社出版。 本单元教学内容对应教材第一编"儒家的人生智慧"第三章"亲民"的相关内容。教材简要介绍儒家亲民思想，其中涉及子女如何处理与父母关系的内容，并配有典型案例、经典文本、经典故事、拓展阅读以及行为训练，与本单元讲述的"儒家孝亲之道"相辅相成，为学生课后自主探究儒家孝亲思想提供了良好的阅读素材。	
教学策略	本课程根据知行合一论、生活教育论与知情意行协调发展德育论，运用任务驱动、自主探究、情境教学、启发式教学、案例教学等教学法，通过"课前识孝—课中说孝、体孝、解孝、明孝—课后笃孝"的教学环节，以学生为中心开展儒家"孝亲"思想的学习。 **课前**：依托课程平台发布"识孝"任务，引导学生自主学习"国学精粹"相关微课程，并以小组为单位分别完成孝亲行为检测问卷调查、"孝"的文字内涵探究任务，教师根据任务完成情况调整教学策略。 **课中**：设计"说孝、体孝、解孝、明孝"环节，引导学生运用汉字全息资源应用系统、中国哲学书电子化计划等信息化工具开展自主探究活动，教师根据学生探究情况，创设孝亲情境，结合经典文本，运用国学微视频、经典案例进行点拨升华（升华于经典），通过"做中学、做中教"的方式，将探究任务的沉浸感与交互性带入学习中，从而有效突破教学重难点。 **课后**：发布"笃孝"任务，要求学生以小组为单位完成"大学生孝行"方案，并将自己制订的方案落实于日常行为，从而将儒家孝亲思想内涵转化为学生的日常生活实践内涵。	
教学环境	略	
信息化教学资源	略	

	环节内容	教师活动	学生活动	信息化资源运用及效果
教学实施	课前准备识"孝"	【任务驱动法】教师在教学平台发布小组任务，并指导学生设计完成孝亲行为调查活动。	【自主探究法】【小组合作法】学生接收任务，学习"国学精粹"相关微课程，并分三个小组开展合作探究：第一组设计完成孝亲行为问卷调查活动；第二组、第三组探究"孝"的文字内涵。	教师运用课程平台远程发布任务与课前评价，了解学生学习情况；学生随时随地接收学习任务，完成课前任务并反馈学习结果。 运用**数据调查工具、汉字全息资源应用系统**等数字化资源进行自主探究，初步了解孝亲思想，唤起学习兴趣。

教学实施	课程前导说"孝"	【启发式教学法】 （1）教师简要介绍单元学习内容，并请学生上台汇报课前探究成果。 （2）引导学生根据数据情况分析调查结果，并对调查结果提出疑问："什么是'孝'？" （3）根据学生探究成果进行点评与补充说明，让学生理解"孝"作为下一代承接上一代的含义。 【教师评价】 教师对课前任务完成情况进行评价。	【小组合作法】 第一组学生汇报孝亲行为检测问卷调查情况。 第二组、第三组汇报运用汉字全息资源应用系统的探究成果。	通过**数据分析**展示父母与学生之间互相付出的情况对比，唤起学生的惭愧心，为下一环节导入"孝"字字义做铺垫。  教师结合学生探究成果，引导学生思考"孝"和"老"字的字形与字义之间的关系，**初步解决教学重点**。  
	课堂探究体"孝"	【案例教学法】 【启发式教学法】 （1）教师发布探究任务：观看视频案例，分析思考"人为什么要孝顺父母"。 （2）根据学生的回答，结合经典文本讲述"孝"是人类发自内心的道德情感。	【情感体验法】 学生观看视频并思考回答问题。	播放孝亲视频，触动学生情感，同时结合经典文本，动之以情、晓之以理，唤起学生内心的孝亲意识，**初步解决教学难点**。   

教学实施	课堂探究解"孝"	【自主探究法】 【启发式教学法】 （1）教师发布探究任务：以小组为单位，结合儒家经典文本，运用中国哲学书电子化计划资源库，探究儒家关于"孝"的重要论述。 （2）教师根据小组探究汇报成果，结合经典文本讲解儒家孝亲行为实践关于养亲、敬亲、安亲、顺亲的四个面向。 【教师评价】 教师根据小组汇报情况进行评价。	【小组合作法】 学生运用中国哲学书电子化计划资源库完成探究任务并分组进行汇报。	运用**自主探究、启发式教学法**，结合儒家经典，引导学生理解孝亲行为实践的四个面向，帮助学生找到生活中践行孝道的着力点，**解决教学难点。**   
	总结升华明"孝"	【案例教学法】 【启发式教学法】 （1）教师播放"虞舜孝感动天"故事，引导学生分析思考虞舜如何处理不和谐的家庭关系。 （2）教师根据学生的回答，结合经典文本，阐述儒家孝道的核心理念"以父母之心为心"。	学生观看视频，回答思考题，并诵读儒家孝亲相关经典。	通过"虞舜孝感动天"的故事，以**启发式教学法**引导学生思考"如何正确处理与父母之间的关系"，并结合经典文本讲解儒家孝道的核心理念"以父母之心为心"，**巩固教学重点。**  

教学实施	课后作业 笃"孝"	【任务驱动法】教师发布笃孝任务，设计孝亲情境，引导学生结合生活实际思考如何孝亲，并根据学生讨论情况指导学生形成大学生孝亲行为方案。 【教师评价】教师根据学生完成情况进行评价。	【小组合作法】学生分小组讨论如何能够尽心尽力地"孝亲"，以小组为单位给出各小组"大学生孝亲行为"方案，并在课程平台上分享。 【学生互评】学生对平台上的作业开展互评。	通过**课程平台**发布课后任务，引导学生结合日常生活实际思考孝顺父母的行为方案，并按行为方案去落实孝亲行为作业，**完成作业后上传，巩固教学难点。**
教学评价	<p style="text-align:left" colspan="4">课前评价（10%）：说"孝"环节根据学生汇报情况开展教师评价，重点考查学生课前预习情况以及小组合作情况。 课中评价（70%）：根据各环节学生小组探究任务完成情况开展教师评价，考查学生对教学重难点的掌握情况。 课后评价（20%）：结合学生任务完成情况以及学生互评情况开展教师评价，考查学生在日常生活中践行儒家孝亲之道的落实情况。 ＊单元教学评价结果作为"国学精粹"课程平时成绩评定依据。</p>			

教学反思	信息化手段应用特色	（1）利用课程平台，引导学生运用信息化教学资源进行自主探究学习和拓展学习。 （2）借助教学平台开展课堂提问与课堂互动，调动学生的兴趣与积极性。
	教学预期效果	（1）学生简述"孝"的文字学内涵与思想内涵。 （2）学生能借用文字训诂信息化工具自行分析"孝"字的字形、字义以及经典文本之间的关系。 （3）通过课程教学与实践，学生深刻认识到自己作为子女关心和照顾父母的责任，能结合个人生活实际将"孝"的思想内涵转化为实践内涵，制订自己现阶段孝养父母的行动方案，并付诸行动，践行孝老爱亲的中华传统美德。
	不足之处	学生上台进行探究成果汇报时，个别学生出现自信心不足、临场紧张的状况，一定程度上降低了汇报效果。
	改进措施	进一步加强学生的自信心培养，在后续的教学过程中根据个体情况多提供上台汇报、表演、展示的机会。

模块八 诚信

儒家诚信思想

所属课程	国学精粹	课程性质	公共基础必修课
所属模块	诚信	授课对象	所有专业
授课地点	多媒体教室	授课学时	1学时
授课形式	网络教学、情境教学			
教学目标	知识目标：能说出儒家"诚信"的含义。 能力目标：能运用儒家诚信观点分析与本专业相关的企业案例，辨别现实生活中"诚信"与"不诚信"的行为。 素质目标：养成"内诚于心、外信于人"的言行习惯，学会将儒家诚信精神内化为自身的思想品德和职业素养。			
课程思政	习近平总书记指出：对突出的诚信缺失问题，既要抓紧建立覆盖全社会的征信系统，又要完善守法诚信褒奖机制和违法失信惩戒机制，使人不敢失信、不能失信。对见利忘义、制假售假的违法行为，要加大执法力度，让败德违法者受到惩治、付出代价。 本模块通过课堂教学介绍儒家诚信思想的内涵，培养学生具备"内诚于心、外信于人"的言行习惯和社会责任感，贯彻习近平总书记在中共中央政治局第三十七次集体学习时的讲话精神。			
学情分析	知识基础分析：学生已学习知理、守礼、明德、知耻、立志、好学、孝亲等模块，基本掌握了儒家关于讲仁爱、崇正义、求大同的思想理念，初步树立了人生志向，掌握了儒家修身治学的入门路径，开始从处理好人与人之间关系的角度进一步加强个人的修身意识。 学生特点分析：缺乏人际交往经验，对人与人之间、个人与社会之间的关系缺乏基本的判断标准。 信息素养分析：能熟练运用课程平台，具备一定的基本信息检索能力。 爱好分析：爱讨论、合作、爱观察、实践；怵干讲理论，怵死记硬背。			

教学内容	本单元选自全校公共基础课"国学精粹",以儒家的诚信思想作为本单元教学内容。"国学精粹"课程的总体目标是培养具有良好人文素质、职业道德以及健全人格的新型高职人才。 本单元讲授儒家以"内诚于心、外信于人"为核心的诚信思想,以"诚心"为行动目标、以"有信"为人际交往准则,对于提升学生人格修为、树立诚实守信的职业道德理念、形成高度社会责任感具有重要作用,是"国学精粹"课程中的重要单元。 本单元的知识点是儒家"诚信"的内涵,儒家经典中关于"诚信"的表述及内化为修身行为的核心要求。学生通过自主探究,能说出"诚信"的含义,会使用儒家诚信观分辨现代社会生活中诚信与不诚信的行为,而运用儒家诚信观分析现代生活案例对企业及个人发展的影响需要一定的人生阅历,具有一定难度,需要教师通过案例分析、综合提炼等方式进行点拨升华。
教学重难点	**教学重点**:儒家诚信的含义、"内诚于心、外信于人"的修身要求与当代价值。 **教学难点**:运用儒家诚信观规范个人行为。
教材分析	本课程选用"十二五"职业教育国家规划教材《国学精粹》(第二版),该教材由中国人民大学出版社出版。 本单元学习内容对应《国学精粹》(第二版)修身部分内容。教材列举了有关诚信的经典文本,为学生课后自主探究儒家诚信思想提供了相应阅读素材。
教学策略	本课程根据知行合一论、生活教育论与知情意行协调发展德育论,运用任务驱动、项目教学、启发式教学、案例教学等教学法,通过"课前识诚信、说诚信—课中解诚信、辨诚信、明诚信—课后行诚信"的教学环节,以学生为中心开展儒家诚信思想的自主探究。 **课前**:依托课程平台发布"寻找1个与诚信有关的个人或企业案例"任务,引导学生自主学习"国学精粹"相关微课程及查找资料。 **课中**:设计"说诚信、解诚信、辨诚信、明诚信"等环节,引导学生运用汉字全息资源应用系统、中国哲学书电子化计划等资源库等开展自主探究活动,教师根据学生探究汇报情况,结合新闻案例、专家分析、舆论观察等进行点拨升华,通过"做中学、做中教"的方式,将探究任务的沉浸感与交互性带入学习中,并通过案例分析及明辨诚信,有效突破教学重难点。 **课后**:推送"大学生诚信行为负面清单"的课后作业,真正将儒家诚信思想内化为大学生个人修身行为,巩固教学效果。
教学环境	略
信息化教学资源	略

中华优秀传统文化课程模块设计 | 理论教学

	环节内容	教师活动	学生活动	信息化资源运用及效果
教学实施	课前准备 识"诚信"	【任务驱动法】 教师在教学平台发布"寻找1个与诚信有关的个人或企业案例",案例必须标明出处。	【自主探究法】 学生接收预习任务,寻找相关案例并上传至课程平台。	师生运用课程平台发布、接收任务以及预习文本,提高学习效率。 "寻找1个与诚信有关的个人或企业案例"课前任务
	课程前导 说"诚信"	教师简要介绍本单元学习内容,并请学生上台汇报课前探究成果。 【教师评价】 教师对课前任务完成情况进行评价。	【发现法】 学生汇报自己找到的诚信案例。	学生汇报自己找到的诚信案例,教师利用课程平台对学生课前任务完成情况进行评价。
		【问题探究法】 课前小调查:关于大学生诚信意识的小调查,现场分析调查结果,掌握学生对诚信的理解。	【练习法】 学生通过课程平台,现场提交调查结果。	课程平台呈现学生现场调查结果,教师分析点评。
		【案例教学法】 播放新闻视频"一只苍蝇,恶心了谁",以一件食客与小吃店争执的小事,引导学生站在不同立场分析"诚信"的含义,**解决教学重点问题**。	【案例学习法】 通过案例,分析诚信在社会生活中的重要性。	播放与专业有关联的**案例视频**,引导学生从不同角度思考小事中体现的诚信精神。 诚信社会:一只苍蝇 "恶心"了谁?

123

教学实施	课堂探究解"诚""信"	【任务驱动法】教师发布探究任务一：运用汉字全息资源应用系统自主探究"诚"和"信"的字形与字义，抄下并拍照发送到课程平台上，解决教学重点问题。	【自主探究法】学生运用自主探究法，借助汉字全息资源应用系统，探究"诚"和"信"的最初含义。	引导学生借助汉字全息资源应用系统进行探究活动，分析思考"诚"与"信"的细微区别。 
		【启发式教学法】教师对探究成果进行点评与补充说明，并引导学生提出疑问："诚"与"信"互释，有区别吗？	【自主探究法】学生运用辅助工具自主查找"诚"和"信"的含义并追问区别。	学生分享探究结果，教师引导追问"诚"与"信"的区别。信也。从言成聲。氏征切。誠也。从人从言。會意。息晉切。 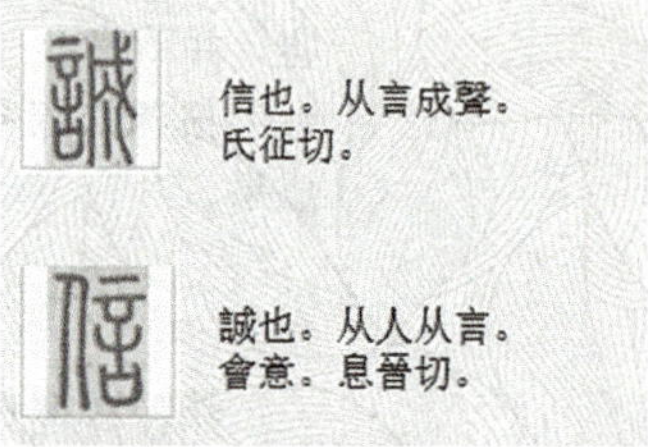
	课堂探究辨"诚信"	【任务驱动法】教师以PBL形式发布探究任务二：以小组为单位，运用中国哲学书电子化计划，查找1句儒家经典中关于"诚信"的表述，要求找出原文出处与现代阐释，并选择一个案例说明对该句的理解，准备1分钟小组汇报。	【自主探究法】【小组合作法】学生进行分组探究。	引导学生借助中国哲学书电子化计划进行经典溯源，运用经典研读法查找资料。将查找到的资料整理成小组汇报材料。  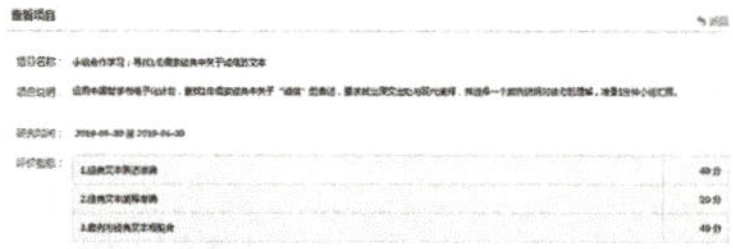
		【合作学习指导法】【教师评价】学生分组汇报，教师进行过程指导并点拨评价。	学生分组汇报探究成果。	小组代表汇报探究学习成果（解决教学重点问题）。 

	总结升华 明"诚信"	【启发式教学法】 　　在学生分组汇报的基础上，引导追问：现代社会为什么还要讲诚信？（**教学难点**） 【讲授法】 　　以习近平总书记关于诚信缺失问题的讲话为基础，让学生加深对诚信的理解。	【归纳法】 　　学生从失信现象造成的后果总结归纳诚信社会体系建立的重要性。	通过**启发式教学法**，让学生从易到难，从熟悉的生活场景及新闻案例入手学习儒家诚信思想，归纳失信可能带来的后果，领悟诚信在当代社会生活中的意义，突破**教学难点**。  知识拓展：大数据助力社会诚信体系的构建
教学 实施		【案例教学法】 　　教师分析正反两个诚信案例，学会用儒家诚信观点分析社会热点问题。 【教师评价】 　　根据学生完成情况进行评价。	【练习法】 　　巩固本节课所学的案例分析法。 【学生互评】 　　以学生阅读数与点赞数为互评依据。	正反案例对比分析，巩固和掌握案例分析法。  诚信案例：400块钱的承诺 　　失信案例：长春长生生物制药
	课后作业 行"诚信"	以儒家诚信思想为自己的修身原则，对照日常生活中的个人行为，制定"大学生诚信行为负面清单"，拍照上传至课程平台，并随时自查自检。	【练习法】 　　将理论与日常行为相联系，突破教学难点。	学生通过课程平台接收并提交课后作业。 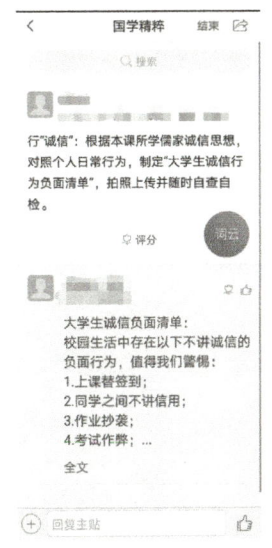

教学评价	__	课前评价（10%）：说诚信环节根据学生汇报情况开展教师评价，重点考查学生在完成课前寻找 1 个诚信案例任务的过程中对诚信行为的理解。 课中评价（70%）：根据学生小组探究任务完成情况开展教师评价，考查学生在小组合作探究过程中对案例分析法的掌握、小组分工合作成果呈现的能力、对教学重难点的掌握情况。 课后评价（20%）：分析正反两个案例，以学生互评与知识点答题系统自动评价的方式开展教师评价。 * 单元教学评价结果作为"国学精粹"课程平时成绩评定依据。
教学反思	信息化手段应用特色	（1）利用课程平台，引导学生运用信息化教学资源进行自主探究学习和拓展学习。 （2）借助教学平台开展课堂提问与课堂互动，调动学生兴趣与积极性。
	教学预期效果	（1）通过自主探究，能说出儒家"诚信"的含义，列举出 2 句儒家经典中关于"诚信"的表述。 （2）通过小组合作学习，能自主搜集与诚信有关的社会案例，能辨别现实生活中"诚信"与"不诚信"的行为，初步运用儒家诚信观点分析行业企业案例。 （3）通过制定诚信行为的负面清单，养成"内诚于心、外信于人"的言行习惯，随时自查，从小事做起，将儒家诚信精神内化为自身的思想品德。
	不足之处	部分学生在开展探究任务的过程中缺乏主动查找学习资源并将学习心得绘制成简单图表的能力，需要教师示范、引导和提醒。
	改进措施	辅导学生通过反复练习，加强学生自主学习能力，培养其独立思考、主动解决问题的能力。

模块九 敬业

儒家敬业思想

所属课程	国学精粹	课程性质	公共基础必修课
所属模块	敬业	授课对象	所有专业
授课地点	多媒体教室	授课学时	1学时
授课形式	网络教学、情境教学		
教学目标	知识目标：能背诵1句儒家思想中关于敬业的经典文本，准确解释经典文本的现代内涵。 能力目标：通过小组合作探究，能挖掘本专业对应岗位需要的敬业表现与应避免的不敬业行为。 素质目标：在探索、合作、交流的过程中，树立敬业乐群的价值观，养成专业对应岗位需要的职业素养。		
课程思政	习近平总书记指出：建设知识型、技能型、创新型劳动者大军，弘扬劳模精神和工匠精神，营造劳动光荣的社会风尚和精益求精的敬业风气。 本模块通过课堂教学介绍儒家敬业思想的内涵，使学生树立爱岗敬业的社会主义核心价值观，培养学生"以德立人"的意识，贯彻十九大报告精神。		
学情分析	知识基础分析：学生基本掌握了儒家的核心思想与理念，开始从处理好人与人之间关系的角度进一步加强个人的修身意识。 学生特点分析：缺乏对人对事诚敬的态度与良好的习惯，对专业与专业所对应职业岗位的素养要求缺乏明确认知。 信息素养分析：能熟练运用课程平台，具备一定的基本信息检索能力。 爱好分析：爱讨论、合作，爱观察、实践；怵干讲理论，怵死记硬背。		
教学内容	本单元选自全校公共基础课"国学精粹"，以儒家敬业思想作为本单元教学内容。"国学精粹"课程的总体目标是培养具有良好人文素质、职业道德以及健全人格的新型高职人才。 本单元讲授的是儒家的敬业思想，以《礼记·学记》为经典文本，是所有行业从业者应具备的基本职业素养，对于提升学生基本职业素养、树立敬业乐业的职业道德理念、形成高度社会责任感具有重要作用。 本单元的知识点是儒家敬业思想的内涵与精神追求、儒家经典中关于"敬业"的表述及内化为修身的核心要求。学生通过小组合作、自主探究，能找到儒家经典中关于"敬业"的表述，准确阐释敬业的内涵，能根据本专业对应岗位应具备的岗位素养，挖掘岗位敬业表现与不敬业行为清单。对于大部分尚未走上工作岗位的大一新生来说，领会敬业思想的精神实质有一定的难度，需要教师通过讲解、小组探究等方式进行点拨升华。		

教学重难点	**教学重点**：儒家敬业思想的表述与精神实质。 **教学难点**：辨别本专业对应岗位的敬业表现与应避免的不敬业行为。
教材分析	本课程选用"十二五"职业教育国家规划教材《国学精粹》（第二版），该教材由中国人民大学出版社出版。 本单元学习内容对应《国学精粹》（第二版）修身部分内容。教材以修身为核心，通过典型案例、经典文本、经典故事、拓展阅读以及行为训练，展示了工匠精神的内涵，与本单元讲述的"儒家敬业思想"相辅相成，为学生课后自主探究儒家敬业思想提供了良好的阅读素材。
教学策略	本课程根据知行合一论、生活教育论与知情意行协调发展德育论，运用任务驱动、项目教学、启发式教学、案例教学等教学法，通过"课前识敬业—课中说敬业、解敬业、辨敬业、明敬业—课后行敬业"的教学环节，以学生为中心开展儒家敬业思想的自主探究。 **课前**：依托课程平台发布"收看1个敬业模范视频"的任务，引导学生自主学习"国学精粹"相关微课程及查找资料。 **课中**：设计"说敬业、解敬业、辨敬业、明敬业"等环节，引导学生运用汉字全息资源应用系统、中国哲学书电子化计划等资源库开展自主探究活动。在理解儒家敬业思想经典文本的基础上，以"本专业对应岗位需要的敬业表现及应避免的不敬业行为"为主题开展小组讨论，教师根据学生讨论探究结果，结合视频案例和敬业行为清单进行点拨升华，通过"做中学、做中教"的方式，将探究任务的沉浸感与交互性带入学习中，有效突破教学重难点。 **课后**：推送"行敬业"任务，通过要求学生完成个人敬业行为检测，内化学生的敬业修身行为，巩固教学效果。
教学环境	略
信息化教学资源	略

	环节内容	教师活动	学生活动	信息化资源运用及效果
教学实施	课前准备 识"敬业"	【任务驱动法】 教师发布"收看1个敬业模范视频"的学习任务。	【自主探究法】 学生接收预习任务，上传学习成果并准备课堂汇报。	师生运用课程平台发布、接收、完成预习任务。
		【启发教学法】 教师播放全国敬业模范袁隆平的采访视频《梦想不息》，提问："从袁老九十岁仍战斗在科研一线的事迹，得到什么启发？"	【发现法】 重温学生已收看过的1个视频，引导学生体会从中得到的启示。	播放视频，唤起深入理解敬业内涵的学习兴趣。
	课程前导 说"敬业"	【启发教学法】 教师点拨学生，导入课题，探索什么是"敬业"。 【教师评价】 教师对课前任务完成情况进行评价。	【发现法】 从教师点拨和"习总书记的话"中领悟我们时代的"敬业"；诵读朱熹"敬业"之语。	学生诵读朱熹"敬业"之语，营造经典学习氛围。
	课堂探究一 解"敬业"	【任务驱动法】 教师发布探究任务一：运用汉字全息资源应用系统自主探究"敬"与"业"的字义与词组出现的经典原文，抄下并拍照发送到课程平台上，**解决教学重点问题**。	【自主探究法】 学生查找资料，思考字义与词义，汇报探究成果。	教师发布探究任务。 学生探究结束后，汇报探究成果。

教学实施	课堂探究二 辨"敬业"	【任务驱动法】 教师引导学生回顾"我收看过的1个敬业模范"视频，概括该敬业模范从事的行业、岗位、事迹表现出的敬业行为，解决**教学重点**问题。	【自主探究法】 学生运用自主探究法，分析敬业模范示例。	学生通过"案例—理论—回到案例"的分析路径，理解敬业思想的精神实质，解决**教学重点**问题。 
		【PBL教学法】 教师以"世界咖啡屋"模式发布探究任务二：以小组为单位，以"我的专业对应岗位需要的敬业表现"为主题，运用"世界咖啡屋"模式展开无领导小组讨论，解决**教学难点**问题。	【小组合作法】 学生围绕"岗位敬业行为"主题讨论，各自写下观点，小组集合提炼观点，然后选小组代表汇报本小组观点。	教师在课程平台发布讨论主题。 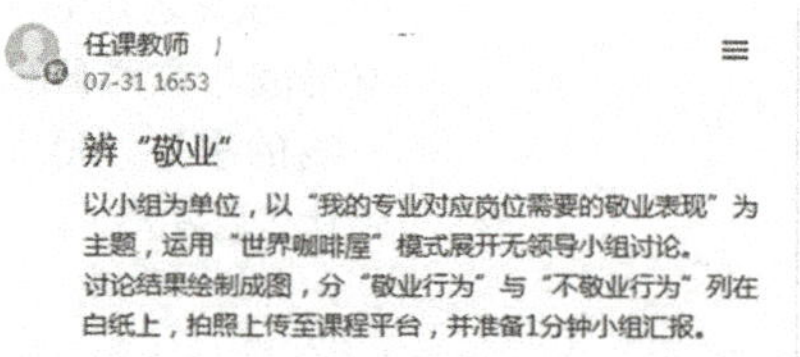 学生"世界咖啡屋"式讨论。 
		【教师评价】 教师根据学生小组汇报的"敬业表现"结果，在平台上对各小组进行评价。	【演示法】 学生解说讨论出来的这些敬业表现在儒家经典中的表述、现代阐释与精神追求，引出自我追问："应避免哪些不敬业的行为？"（**教学难点**）	小组代表汇报本行业敬业行为与不敬业行为清单的讨论结果。 

教学实施	总结升华明"敬业"	【讲授法】在学生理解《礼记·学记》的基础上，教师通过播放视频《我在故宫修文物》，以同龄人的敬业表现，总结儒家敬业思想的核心价值。	【归纳法】归纳本专业行业的敬业行为，用儒家敬业思想升华理论认识。	播放视频《我在故宫修文物》片段，以同龄人视角解读"敬业"的内涵。
	课后作业笃"敬业"	【任务驱动法】将本课程讨论的"敬业表现与不敬业行为"清单记录下来，制作成自我敬业行为检测量表，将自测结果上传至课程平台。【教师评价】教师根据学生完成情况进行评价。	【练习法】学生运用自制量表检测自己的敬业行为情况。【学生互评】学生对平台上的作业开展互评。	教师通过课程平台发布自我敬业行为检测量表制作及检测任务。
教学评价	\multicolumn{4}{l	}{课前评价（10%）：根据学生汇报情况开展教师评价，重点考查学生课前任务完成情况。 课中评价（70%）：根据学生小组探究任务完成情况开展教师评价，考查学生对教学重难点的掌握情况。 课后评价（20%）：结合学生任务完成情况以及学生互评开展教师评价，考查学生对本专业敬业行为的理解及自我检测敬业与否的实际运用能力。 *单元教学评价结果作为"国学精粹"课程平时成绩评定依据。}
教学反思	信息化手段应用特色	\multicolumn{3}{l	}{（1）利用课程平台引导学生运用信息化教学资源进行自主探究学习和拓展学习。 （2）借助教学平台开展课堂提问与课堂互动，调动学生兴趣与积极性。}
	教学预期效果	\multicolumn{3}{l	}{（1）能背诵《礼记·学记》关于敬业乐群的经典文本，能解释经典文本的内涵。 （2）通过小组主题讨论，能挖掘本专业对应岗位需要的敬业表现与应避免的不敬业行为。 （3）在探索、合作、交流的过程中，能初步树立敬业乐群的价值观，养成本专业需要的职业素养。}
	不足之处	\multicolumn{3}{l	}{部分学生在开展"世界咖啡屋"无领导小组讨论时，不主动贡献个人智慧，需要教师督促、引导提醒。}
	改进措施	\multicolumn{3}{l	}{采取放开多数、鼓励少数的方法，加强学生主动学习及展示学习成果的能力，培养其自主思考、主动解决问题的能力。}

模块十　自然

道家"自然"思想

所属课程	国学精粹	课程性质	公共基础必修课
所属模块	自然	授课对象	所有专业
授课地点	多媒体教室	授课学时	2学时
授课形式	网络教学、情境教学		
教学目标	**知识目标**：了解道家的代表人物和经典著作，理解"自然"的思想内涵。 **能力目标**：能用道家关于"自然"的智慧反省自己的身心状况，并指导自己的生活实践，尝试以之帮助自己发现和解决一些现实问题。 **素质目标**：树立健康有益的人生观、价值观，建立通达超脱的精神追求。		
课程思政	习近平总书记在纪念孔子诞辰2565周年国际学术研讨会上的讲话中提到："包括儒家思想在内的中国优秀传统文化中蕴藏着解决当代人类面临的难题的重要启示，比如，关于道法自然、天人合一的思想……"习近平总书记在党的十九大报告中强调："建设生态文明是中华民族永续发展的千年大计""建设美丽中国，为人民创造良好生产生活环境，为全球生态安全作出贡献"，并将"坚持人与自然和谐共生"作为新时代坚持和发展中国特色社会主义的基本方略之一。 本模块教学向学生介绍道家的"自然"思想和人生智慧，使学生认识传统文化中顺应自然界和生命之自然的思想，将之与当今保护环境和自然资源、与自然界和谐相处的要求结合，并以之对现代人生活、生产和科技发展等方面违背自然规律和片面发展工具理性的倾向进行纠偏，借助道家"自然"的生活态度淡化人欲泛滥、物质主义、娱乐至死等当代社会问题，减轻浮躁、焦虑、空虚等心态。		
学情分析	**知识基础分析**："自然"是一个常用的褒义词，代表正面价值。经过中小学阶段，学生对"自然"一词的科学意义已有基本的了解。 **学生特点分析**：学生从未成年跨入成年，从家庭生活转入集体生活，并且不久将从学生角色转入就业者、社会人角色，不但要考虑学习问题，还要考虑就业、婚恋等现实问题，可能会感到迷惘、无助、焦虑、缺乏自信等，面对重大的心理调适，他们希望有能够提供帮助的人生智慧。 **信息素养分析**：具备通过互联网、图书馆和移动终端获得信息的基本能力。 **爱好分析**：爱讨论、合作，爱观察、实践；怵干讲理论，怵死记硬背。		

教学内容	本单元选自全校公共基础课"国学精粹"第二编第一章，选取道家思想概述及其重要概念"自然"作为本单元教学内容，是"国学精粹"课程中的核心模块。 　　本单元简要介绍道家思想发展的历史脉络与精神实质，引导学生了解道家的主要代表人物与经典著作，理解道家思想的核心概念"自然"，认识人类生活中面临的重大危机，如人与自然的疏离、人的自我分裂、人与他人及社会的紧张关系，把握道家"自然"思想的现代价值。
教学重难点	**教学重点**：我们生活中的不"自然"之处。 **教学难点**：道家"自然"观念与一般的"自然"观念、科学的"自然"概念的区别。
教材分析	本课程选用"十二五"职业教育国家规划教材《国学精粹》（第二版），该教材由中国人民大学出版社出版。 　　本单元教学内容对应教材第二编"道家的人生智慧"第一章"自然"的相关内容。教材简要介绍道家"自然"思想，并配有典型案例、经典文本、经典故事、拓展阅读以及行为训练，与本单元讲述的"道家之自然的人生智慧"的内容互相补充，为学生课外自主延伸学习道家的"自然"思想提供了良好的阅读素材。
教学策略	教学策略遵循以学生为中心、以教师为主导的原则，运用任务驱动、自主探究、启发式教学、案例教学、小组讨论等教学法，通过"课前识'自然'—课中说'自然'、解'自然'、辨'自然'、明'自然'—课后笃'自然'"的教学环节开展道家自然思想探究。 　　**课前**：发布"识'自然'"学习任务，学生预习教材内容，结合典型案例和经典故事来理解道家"自然"观念，寻找道家"自然"观念与日常语言中"自然"一词的意义、科学意义上的"自然"概念的不同之处。 　　**课中**：设计说、解、辨、明"自然"环节，引导学生讨论对以上问题的理解，然后由教师针对学生讨论的情况，结合经典表述来辨析，并播放教师选择的相关视频，帮助学生正确理解道家的"自然"观念，再由此进一步理解道家提倡"自然"的理由。在此基础上，引导学生基于道家的"自然"观念，回看现代社会现实和学生实际，发现其中的不自然之处，从而引发相应的思考。 　　**课后**：发布"笃'自然'"任务，引导学生针对自己生活中不自然的某一方面尝试运用道家"自然"的智慧进行行为训练，力求获得一定的正面效果。
教学环境	略
信息化教学资源	略

环节内容		教师活动	学生活动	信息化资源运用及效果
		【任务驱动法】	【自主探究法】	教师运用教学平台远程发布任务，学生随时随地接收学习任务。
	课前准备识"自然"	教师发布思考问题：怎么理解道家的自然观，要求学生思考和寻求答案，并搜集相关材料。【教师评价】教师对课前任务完成情况进行评价。	学生自主预习教材，将自己的结论写下来，准备讨论。同时在预习中发现问题、思考问题，并按教师的要求搜集资料。	学生学习"国学精粹"省级精品资源共享课程，初步了解道家自然思想。学生通过互联网、网络课程平台、中国哲学书电子化计划等资源搜集所需材料。
教学实施	课程前导说"自然"	教师提出问题："怎么理解道家的自然观？"	学生就自己的学习和思考发表见解，相互讨论。	学生分别在投影屏展示自己收集的相关资料。
		教师播放介绍道家自然思想的视频。	观看视频，理解道家自然思想。	运用**多媒体**播放相关视频，引发学生兴趣，以形象的方式帮助学生理解抽象的思想。
	课堂探究解"自然"	【启发式教学法】教师点评学生的理解和讨论。【启发式教学法】针对学生的理解和讨论，对道家之"自然"进行讲解，提出并区分三种"自然"观念，使之不与日常语言中的"自然"以及科学的"自然"相混淆，并与学生进行问答互动，解决**教学难点**。	【自主探究法】结合视频，比照自己的理解。听讲并能区分三种"自然"观念，从而正确理解道家的自然观，并能回答教师的问题。	通过**教学平台**展示学生任务完成情况。

教学实施	课堂探究辨"自然"	【案例教学法】 教师提出若干现实中符合与违背道家自然观的事例，引导学生进行讨论。（通过课件呈现）	【小组讨论法】 学生结合教师示例，反思和发现自己身上和生活中不自然的方面，进行讨论。	
	总结升华明"自然"	【启发式教学法】 如何正面吸取道家自然观的智慧来提升我们的生活。	结合自己的实际思考教师提出的能力目标。	通过**启发式教学**，让学生能用道家关于自然的智慧反省自己的身心状况，并指导自己的生活实践，尝试以之帮助自己解决一些现实问题。
	课后作业笃"自然"	【任务驱动法】 教师布置作业： （1）亲近自然界，在自然中体会、领悟道家的自然观，体会道家式的"天人合一"。 （2）思考如何改进自己的不自然之处，记录心得。 【教师评价】 对上传的作业进行评价。	【实践体验法】 学生根据教师布置的任务进行，将心得上传至课程平台。 【学生互评】 对其他同学上传的心得体会进行评价。	通过学习平台发布课后任务，**学生按要求完成作业后上传并开展互评**。
教学评价	课前评价（10%）：教师对学生自主探究任务完成情况进行评价，重点考查学生预习情况。 课中评价（70%）：根据各环节学生讨论和回答问题情况进行学生互评与教师评价，考查学生对教学重难点的掌握情况。 课后评价（20%）：结合学生任务完成情况以及学生互评情况开展教师评价，考查学生对"自然"概念的理解及实际运用能力。 * 单元教学评价结果作为"国学精粹"课程平时成绩评定依据。			

教学反思	信息化手段应用特色	（1）利用课程平台，引导学生运用信息化教学资源进行自主探究学习和拓展学习。 （2）借助教学平台开展课堂提问与课堂互动，调动学生兴趣与积极性。
	教学预期效果	（1）学生能简述道家自然观的基本含义。 （2）学生能区分三种自然观念。 （3）通过课程教学与实践，学生能用道家关于自然的智慧反省自己生活中不自然的情况和身心状况。
	不足之处	部分学生对三种自然观的区分仍不十分明确。
	改进措施	加强案例教学，结合学生日常知识和生活经验进行引导。

模块十一 归根

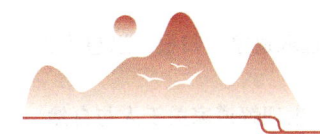

道家归根思想

所属课程	国学精粹	课程性质	公共基础必修课
所属模块	归根	授课对象	所有专业
授课地点	多媒体教室	授课学时	2学时
授课形式	网络教学、情境教学		
教学目标	知识目标：了解道家所说的"根""真""朴"的意思以及"返朴归真"的思想内涵。 能力目标：尝试用道家"返朴归真"的修养功夫来探寻和归守自己的自然朴素的心性。首先是尝试在欲望和浮躁后面寻找道家所理解的"真我"，其次是尝试回到并安住在这个"真我"之上，以消减现实的焦虑迷惘。 素质目标：使学生通过返璞归真的修养而变得更为淡定、朴实、自然。			
课程思政	习近平总书记在纪念孔子诞辰2565周年国际学术研讨会上的讲话中提到："包括儒家思想在内的中国优秀传统文化中蕴藏着解决当代人类面临的难题的重要启示，比如，关于道法自然、天人合一的思想……"习近平总书记在党的十九大报告中强调："建设生态文明是中华民族永续发展的千年大计""建设美丽中国，为人民创造良好生产生活环境，为全球生态安全作出贡献"，并将"坚持人与自然和谐共生"作为新时代坚持和发展中国特色社会主义的基本方略之一。 本模块通过进一步向学生介绍道家的"归根"（"返朴归真"）思想和人生智慧，使学生反思自己的现实生命状态，尝试从道家智慧的角度来探寻和发现生活表象之下的那个朴素自然的"真我"，回到人与自然的和谐统一，克服欲望远超需要而导致的逐物不反、自我迷失、虚荣攀比等，纠正功利主义、享乐主义的价值偏向，以及由此导致的浮躁、焦虑、茫然等问题。			
学情分析	知识基础分析：学生在上一单元已经学习了道家的"自然"思想。"归根"的说法对学生来说比较陌生，但同义的"返朴归真"是一个学生较熟悉的成语，至少能对之有字面义的了解：回归朴素真实的状态。 学生特点分析：当代人们的价值观倾向于物质追求和世俗成功，这种倾向成为已经迈进成年门槛的大学生人生观、价值观的形成背景，对他们产生了深刻的影响，加上网上良莠不齐的各种流行因素的作用，导致了他们在认知上有一定的偏失，存在物质主义化、虚荣、浮躁、自我迷失等问题。 信息素养分析：具备通过互联网、图书馆和移动终端获得信息的基本能力。 爱好分析：爱讨论、合作，爱观察、实践，重视自我，重视感受，易接受新事物；不喜理论，不爱听大道理，厌恶死记硬背。			

教学内容	本单元选自全校公共基础课"国学精粹"第二编第二章，选取道家"归根"思想为教学内容，是"国学精粹"课程中的基础模块。 　　本单元主要学习道家"根""真""朴"等基本概念，引导学生理解道家关于人与自然、人与人、自我身心关系的回归，体会归根（归真）的意义，把握"忘"和"无"的修行原则以及归根（归真）的方法，具体包括摆脱物、权、名的束缚，摆脱常见、定式乃至生死的束缚。
教学重难点	**教学重点**：准确理解道家关于回归朴素自然的"真我"的思想。 **教学难点**：结合自身生命实践体会道家所说的"根""真性"。
教材分析	本课程选用"十二五"职业教育国家规划教材《国学精粹》（第二版），该教材由中国人民大学出版社出版。 　　本单元教学内容对应教材第二编"道家的人生智慧"第二章"归根"的相关内容。教材简要介绍道家"归根"思想，并配有典型案例、经典文本、经典故事、拓展阅读以及行为训练，与本单元讲述的"道家之归根的人生智慧"的课件内容互相补充，为学生课前课后自主延伸学习道家的"归根"思想提供了良好的阅读素材。
教学策略	教学策略实行以学生为中心、以教师为主导的原则，运用任务驱动、自主探究、启发式教学等教学法，通过"课前识归根—课中说归根、解归根、辨归根、明归根—课后笃归根"的教学环节开展道家归根思想探究。 　　**课前**：发"识归根"学习任务，学生预习教材内容，结合典型案例和经典故事来理解道家的归根观念，思考什么是道家所说的"根"，结合现实来理解为什么道家要提出归根，结合自身实际思考怎样才能归根。 　　**课中**：设计说归根、解归根、辨归根、明归根环节，引导学生讨论对以上问题的理解，然后由教师针对学生讨论的情况，结合经典表述来解说，并播放教师选择的相关视频，帮助学生正确理解道家的归根观念，理解道家提倡归根的理由。在此基础上，引导学生基于道家的归根观念，回看现代社会现实和学生实际，反省和发现自身可能存在的欲望超过需要而导致的逐物不反、沉溺于电子游戏等外物而迷失自我、虚荣攀比等，纠正物质主义、官能主义的价值偏向，和由此产生的浮躁、焦虑、茫然等问题，并思考如何将关注点回归到"真我"，回归到身心的安顿上，即从欲望主体回到真正的生命主体上来。 　　**课后**：发布"笃归根"任务，引导学生针对自己生活中为身外之物所牵引而"跟着感觉走"的情况，尝试运用道家归根的智慧进行行为训练，期望能有所裨益。
教学环境	略
信息化教学资源	略

环节内容	教师活动	学生活动	信息化资源运用及效果	环节内容
教学实施	课前准备 识"归根"	【任务驱动法】教师发布探究任务：如何理解道家所说的"根"？如何归根？要求学生在预习中思考并寻求答案，并按自己的理解搜集相关材料。 【教师评价】教师对课前任务完成情况进行评价。	【自主探究法】学生自主预习教材和平台资源，思考教师提出的问题，并将自己的想法写下来，准备讨论。同时在预习中发现问题、思考问题，并按教师的要求搜集资料。	教师运用教学平台远程发布任务，学生随时随地接收学习任务。 学生学习"国学精粹"省级精品资源共享课程，初步了解道家归根思想。 学生通过互联网、网络课程平台、中国哲学书电子化计划等资源搜集所需材料。
	课程前导 说"归根"	【启发式教学法】教师提出问题：什么是道家所说的人的"根"？什么是"真我"？道家所说的"真性"和一般的人之常情有什么分别？我们要不要归根？怎样才能归根？	【讨论探究法】学生就自己的学习和思考发表见解，相互讨论。	各小组汇报探究成果。

教学实施	课堂探究解"归根"	【启发式教学法】教师播放介绍道家修养功夫的视频。	学生观看视频，理解道家归根思想和修养功夫。	播放相关视频，引发学生兴趣，以形象的方式帮助学生理解抽象的思想。 
		教师点评学生的理解和讨论。	【自主探究法】结合视频和教师点评进行探究。	
		【讲解法】针对学生的理解和讨论，对道家之"根"和"归根"进行讲解，指出学生的理解中不到位和偏差之处，正确理解把握"根"和"归根"的重要性，并与学生进行问答互动，引导学生理解道家意义上的"真我"，解决**教学难点**。	听讲并能正确理解道家的"根"观念和"归根"意识，从而正确理解道家从其"自然"观出发的人生观，回答教师的提问。	

教学实施	课堂探究辨"归根"	【启发式教学法】引导学生思考现代社会现实和学生实际，反省和发现自身可能存在的欲望超过需要而导致沉溺于电子游戏等外物而迷失自我、虚荣攀比等，纠正物质主义、官能主义的价值偏向，以及由此产生的浮躁、焦虑、茫然等问题，思考如何回归"真我"，回归到身心的安顿上；引导学生就这些问题进行讨论，解决**教学重点**。	学生结合教师示例和启发，反思和发现自己身上的相关问题，进行讨论。	
	总结升华明"归根"	【启发式教学法】如何正面吸收道家的"归根"智慧来提升我们的生命状态。	结合自己的实际思考教师提出的能力目标。	通过**启发式教学**，让学生能用道家关于"归根"的智慧反省自己的身心状况，并指导自己的生活实践，尝试以之帮助自己解决一些现实问题，提升生命质量。
	课后作业笃"归根"	【任务驱动法】要求学生课后自行体会自己的自然、朴素、本真的性情，针对自己生活中为身外之物所牵引而"跟着感觉走"、逐物不反的情况，尝试运用道家"归根"智慧进行行为训练。 【教师评价】对上传的作业进行评价。	【实践体验法】学生完成教师布置的任务，将心得上传至课程平台。 【学生互评】对其他同学上传的心得体会进行评价。	通过**课程平台发布课后任务，学生按要求完成作业后上传并开展互评。** 樊笼之中 终身役役 → 归根（回归本真）→ 逍遥

教学评价		课前评价（10%）：教师对学生自主探究完成情况进行评价，重点考查学生自学理解情况。 课中评价（70%）：根据各环节学生参与、讨论和回答问题情况进行学生互评与教师评价，考查学生对教学重难点的掌握情况。 课后评价（20%）：结合学生任务完成情况以及学生互评开展教师评价，考查学生对"归根"概念的理解及实际运用能力。 ＊单元教学评价结果作为"国学精粹"课程平时成绩评定依据。
教学反思	信息化手段应用特色	（1）利用网络课程平台与精品课程平台，引导学生运用信息化教学资源进行自主探究学习和拓展学习。 （2）借助教学平台开展课堂提问与课堂互动，调动学生兴趣与积极性。
	教学预期效果	（1）学生能简述道家归根人生观和修养功夫的基本含义。 （2）学生能初步区分常人的人生观和道家人生观的不同。 （3）通过课程教学与实践，学生能认识道家归根要求的针对性和重要性，并以此智慧反省自己的人生观、身心和生活现状，尝试"回归真我"。
	不足之处	部分学生对道家的"根"还不能十分理解，对"真性"和一般人之常情的区分仍不十分清楚。
	改进措施	增加示例，进一步结合学生已有知识和经验进行案例教学。

模块十二　无为

道家无为智慧

所属课程	国学精粹	课程性质	公共基础必修课
所属模块	无为	授课对象	所有专业
授课地点	多媒体教室	授课学时	2学时
授课形式		网络教学、情境教学	
教学目标		**知识目标**：了解道家"无为"观的内涵，理解这一思想提出的前提和动机。 **能力目标**：能用道家关于"无为"的智慧反省自己的现实情况，指导自己的学习和生活，发现和解决一些现实问题。 **素质目标**：在学习道家"自然"世界观、"归根"人生观的基础上，吸收道家"无为"方法论的有益因素，养成循道顺势的意识。	
课程思政		习近平总书记在纪念孔子诞辰2565周年国际学术研讨会上的讲话中指出："包括儒家思想在内的中国优秀传统文化中蕴藏着解决当代人类面临的难题的重要启示，比如，关于道法自然、天人合一的思想……"习近平总书记在党的十九大报告中强调："建设生态文明是中华民族永续发展的千年大计""建设美丽中国，为人民创造良好生产生活环境，为全球生态安全作出贡献"，并将"坚持人与自然和谐共生"作为新时代坚持和发展中国特色社会主义的基本方略之一。 本模块向学生介绍道家的"无为"思想和人生智慧，使学生认识传统文化中顺应自然之道和事物发展变化趋势的思想，与和谐、环保、尊重自然规律和社会发展规律等时代要求相应，为所当为而不妄为，使人与自然、人与社会、人与自我（身与心）能协调起来。	
学情分析		**知识基础分析**：前面已学习了"自然"和"归根"两个道家思想单元。虽然"自然""归根""无为"三个观念各有侧重，在道家这其实是浑然为一的一种智慧，因此有了前面两个单元的基础，"无为"思想也就在其中了，只需就其所侧重的方面加以提点即可。 **学生特点分析**：学生刚刚跨入成年的门槛，不久将走向社会，相对独立地面对人生。对从小就受到"有为"教育的他们而言，似乎未来的社会人生就意味着"有为"。但他们需要面对的人生课题很多，如何"有为"，未得要领，不免迷惘、焦虑，亟待引导。 **信息素养分析**：学生具备通过互联网、图书馆和移动终端等渠道获得所需信息的基本能力。 **爱好分析**：重视个人感受，具有一定的自主性；易接受新事物；爱讨论、合作，爱观察、实践；不喜理论，厌恶死记硬背。	

教学内容	本单元选自全校公共基础课"国学精粹"第二编第三章，选取道家"无为"智慧作为教学内容，是"国学精粹"课程中的基础模块。 本单元主要学习道家的无为思想，引导学生了解自然界的、社会的和个人自修的"无为"，理解道家提倡"无为"的背景、前提与动机，辨明"有为"与"无为"以及我们所"为"的是与非，学会从道家无为思想中吸取智慧来指导自身的生命生活实践。
教学重难点	**教学重点**：正确理解道家的无为思想并吸取其中的智慧。 **教学难点**：准确把握"有为"与"无为"的关系。
教材分析	本课程选用"十二五"职业教育国家规划教材《国学精粹》（第二版），该教材由中国人民大学出版社出版。 本单元教学内容为教材第二编"道家的人生智慧"第三章"无为"。教材简要介绍了道家的无为思想，并配有典型案例、经典文本、经典故事、拓展阅读以及行为训练。在实际讲授中，教师要根据学情和重难点，结合现实，做适当的调整和延伸。

教学策略	实行以学生为中心、以教师为主导的原则，运用任务驱动、自主探究、启发式教学、案例教学、小组讨论等教学法，通过"课前识无为—课中说无为、解无为、辨无为、明无为—课后为无为"的教学环节开展道家无为思想探究。
	  课前：发布"识无为"学习任务，学生预习教材内容，结合典型案例和经典故事来理解道家无为观念，思考"有为"和"无为"的关系，尝试理解为什么道家提出无为思想。
	  课中：设计说无为、解无为、辨无为、明无为环节，引导学生讨论对以上问题的理解，然后由教师针对学生讨论的情况，结合经典表述来辨析"有为"和"无为"的关系，并播放教师选择的相关视频，帮助学生正确理解道家的"无为"观念，理解道家提倡"无为"的理由。在此基础上，引导学生基于道家的"无为"观念，反省我们过去种种作为的是与非，思考我们个人如何从道家无为思想所提供的独特视角，发现我们固有的"有为"观念带来的急功近利倾向和由此产生的浮躁、焦虑心态。
	  课后：发布"为无为"任务，引导学生就自己的"有为"观念作进一步反省，就其可能带来的偏弊，尝试以道家的智慧进行纠偏，思考如何更好地"有为"，从而有益于自己的身心成长。

教学环境	略
信息化教学资源	略

	环节内容	教师活动	学生活动	信息化资源运用及效果
教学实施	课前准备 识"无为"	【任务驱动法】 课前，教师发布学习任务，提出问题：怎么理解道家的"无为"观？我们今天应怎样"为"？要求学生在预习中思考并寻求答案，并按自己的理解搜集相关材料。 【教师评价】 教师对课前任务完成情况进行评价。	【自主探究法】 学生自主预习教材，并按要求搜集资料，寻求教师提出的问题的答案，并将自己的思考写下来，准备讨论。同时在预习中发现问题、思考问题。	教师运用课程平台远程发布任务，学生随时随地接收学习任务。 学生学习"国学精粹"省级精品资源共享课程，初步了解道家无为思想。 学生通过互联网、网络课程平台、中国哲学书电子化计划等资源搜集所需材料。
	课程前导 说"无为"	【启发式教学法】 教师提出问题：怎么理解道家的"无为"观？道家的"无为"和一般理解的"无为"有什么不同？我们今天应该怎样"为"？	学生就自己的学习和思考发表见解，相互讨论，提出经过思考的疑问。	学生分组展示自己收集的与论题相关的资料和探索成果。
	课堂探究 解"无为"	教师播放介绍道家"无为"思想的视频。	观看视频，理解道家的"无为"思想。	播放相关视频，引发学生兴趣，以形象的方式帮助学生理解抽象的思想。
		【启发式教学法】 教师点评学生的理解和讨论，评价学生所搜集的资料。	【自主探究法】 结合视频，比照自己的理解，听取老师的点评。	通过**教学平台**展示学生任务完成情况，并加以点评。

教学实施	课堂探究 解"无为"	【启发式教学法】 　　以课件为基础，以课本为辅助，针对学生的理解和讨论，对道家"无为"思想进行讲解，与学生进行问答互动，解决**教学重点**。	正确理解道家"无为"观念，结合实际回答我们应如何"为"的问题，就此与教师交流互动。
	课堂探究 辨"无为"	【任务驱动法】 　　教师提出若干现实中"有为"、一般人所理解的"无为"和符合道家"无为"思想的三种不同示例，引导学生进行讨论。	【小组讨论法】 　　学生结合教师示例理解道家思想，反思自己对"为"的理解，尝试发现其中可能的偏失。 示例通过视频呈现。
	总结升华 明"无为"	【启发式教学法】 　　如何吸取道家"无为"观的智慧来助益我们的身心和生活。	结合自己的实际，思考教师提出的能力目标和素质目标。 通过**启发式教学**，让学生能用道家关于"无为"的智慧反省自己的身心状况和人生观，并指导自己的生活实践，尝试以之指导自己的生活，例如选择自己的发展方向、生涯规划、生活态度和方式等。
	课后作业 为"无为"	【任务驱动法】 　　教师发布课后任务： 　　（1）检讨自己在日常生活中是否有任意妄为、矫揉造作、追求不自然的时尚之类的问题。 　　（2）思考如何改进自己的不当作为，并设计改进措施。 【教师评价】 　　对学生上传的作业进行阅评，提出建议。	【实践体验法】 　　学生根据教师布置的任务，结合自己的实际进行，将心得上传至课程平台。作业须以知带行、知行合一，反映自己的修习安排。 【学生互评】 　　对其他同学上传的心得体会进行评价。 通过课程平台发布课后任务，**学生按要求完成作业后上传并开展互评**。

教学评价	\multicolumn{2}{l	}{<p>　　**课前评价（10%）**：教师对学生自主探究任务完成情况进行评价，重点考查学生自习情况。</p><p>　　**课中评价（70%）**：根据各环节学生讨论和回答问题情况进行学生互评与教师评价，考查学生对教学重难点的掌握情况。</p><p>　　**课后评价（20%）**：结合学生任务完成情况以及学生互评开展教师评价，考查学生对"无为"思想的理解及实际运用能力。</p><p>　　＊单元教学评价结果作为"国学精粹"课程平时成绩评定依据。</p>}
教学反思	信息化手段应用特色	（1）利用网络课程平台与精品课程平台，引导学生运用信息化教学资源进行自主探究学习和拓展学习。 （2）借助教学平台开展课堂提问与课堂互动，调动学生的兴趣与积极性。
	教学预期效果	（1）学生能简述道家"无为"观的基本含义。 （2）学生能区分一般人所理解的"无为"和道家的"无为"，能辩证回答"有为"和"无为"的关系。 （3）通过课程教学与实践，学生能用道家"无为"的智慧反省自己生活中任意而为的情况。
	不足之处	部分学生对"有为"和"无为"的关系仍未能透彻理解。
	改进措施	增加示例，进一步结合学生已有的知识和经验，从目的和规律两个角度再加以阐释。

模块十三 空性

佛家的空性观

所属课程	国学精粹	课程性质	公共基础必修课
所属模块	空性	授课对象	所有专业
授课地点	多媒体教室	授课学时	2学时
授课形式	网络教学、情境教学		
教学目标	知识目标：能复述佛家的"缘起"与"空性"概念的基本内涵，并能区分错误的空性见解。 能力目标：能运用正确的空性见解观察和处理学习、生活中的问题。 素质目标：形成对世界、自我的正确认识，减少对"自我"与"外物"的执着。			
课程思政	习近平总书记在2014年巴黎联合国教科文组织总部发表演讲时指出："佛教产生于古代印度，但传入中国后，经过长期演化，佛教同中国儒家文化和道家文化融合发展，最终形成了具有中国特色的佛教文化，给中国人的宗教信仰、哲学观念、文学艺术、礼仪习俗等留下了深刻影响。……中国人根据中华文化发展了佛教思想，形成了独特的佛教理论，而且使佛教从中国传播到了日本、韩国、东南亚等地。" 佛教同中国儒家文化和道家文化融合发展，在佛教传入中国初期曾用道家的"无"翻译"空"这个核心概念，阐明缘起性空的世界观与人生观，可以启发人内在的精神觉悟，有利于减少人的身心烦恼问题。			
学情分析	知识基础分析：学生已完成儒家、道家专题学习，初步了解儒家和道家基本思想及其人生智慧，并逐渐形成自我反思的意识，但对于佛家的了解主要停留在电视剧或文学小说层面，对佛家思想存在一些误解，缺乏对其核心概念、基本思想与精神追求的准确认识。 学生特点分析：当代大学生的自我意识较强，容易受外物的影响。 信息素养分析：能熟练运用课程平台，具备基本信息检索能力。 爱好分析：学生对佛家思想有一定的好奇心，在现实中以接触影视作品为主。			
教学内容	本单元选自全校公共基础课"国学精粹"，选取第三篇"佛家的人生智慧"中的"空性"专题为教学内容。佛家的"空"不是指万物之外的某个世界，或是事物消失后的虚无状态，而是指一切现象都是缘起性空的存在，事物因各种条件聚合在一起而产生，也因条件的变化而变化，在现象后面不存在一个永恒不变的实体在支撑，包括不存在一个永恒的外物与自我。准确认识佛家的空性思想，能够减少对外物与自我的执着，减轻因攀缘外物或执着自我而带来的身心烦恼与痛苦。			

教学重难点	**教学重点**：准确理解佛家关于"空性"的基本思想，辨明不正确的"空"的见解。 **教学难点**：认识到空性思想的现代价值，结合生活实际运用空性思想观察外物与自我。
教材分析	本课程选用"十二五"职业教育国家规划教材《国学精粹》（第二版），该教材由中国人民大学出版社出版。 本单元教学内容对应教材第三编"佛家的人生智慧"第一章"空性"。教材简要介绍佛家的空性思想，阐明了几种关于"空"的错误见解，配有加深对空性思想理解的典型案例、经典文本、经典故事、拓展阅读，并辅以课后行为训练，为学生准确认识空性思想提供了良好的资源支撑。
教学策略	课程运用任务驱动、案例教学、小组辩论、小组讨论等教学法，针对空性的思想内涵教学重点问题，以及运用空性思想分析案例并观照自己身心烦恼的教学难点问题，设计"课前识'空'—课中说'空'、辩'空'、解'空'、辨'空'、明'空'—课后观'空'"的教学环节开展教学。 **课前**：运用任务驱动法设计识"空"探究任务，学生完成寻找一件长久不变之物的个人任务，并以小组为单位围绕世界与自我是否恒常不变准备辩论材料。 **课中**：说"空"环节教师引导学生上台汇报探究成果，并对学生探究情况进行点评，引入课程主题。辩"空"环节引导学生开展主题辩论活动，增加学生的学习参与度，加深对空性主题的认识。解"空"环节运用案例教学法，播放"量子力学与缘起性空"微课视频，引导学生结合佛家经典理解世界与自我的缘起空性，并在辨"空"环节运用启发式教学法引导学生思考、讨论和辨别几种关于"空"的错误见解，强化学生对"空"的正确认识，解决教学重点。明"空"环节结合教材案例引导学生思考空性思想的现代价值问题，引导学生运用空性思想观察自己的身心烦恼问题，解决教学难点。 **课后**：运用任务驱动法设计观"空"环节，结合教材中的行为训练作业发布课后任务，学生结合自身问题提出处理方法，巩固教学难点。
教学环境	略
信息化教学资源	略

	环节内容	教师活动	学生活动	信息化资源运用及效果
教学实施	课前识"空"	【任务驱动法】 教师课前在教学平台发布个人与小组探究任务。	【自主探究法】 学生接收任务：寻找一件恒常不变之物，并以小组为单位围绕世界与自我是否长久不变准备辩论材料。 【学生互评】 学生对探究成果进行互相评价。	教师运用学习平台发布任务，激发学生学习兴趣，并提前了解学生学习情况。
	课程前导说"空"	教师引导学生上台汇报探究成果，对学生探究情况进行点评，总结对于永恒的看法，引入课程主题。	由互评得分最高的学生汇报和分享探究成果。	通过课程平台展示与学生现场分享，展现学生关于永恒的看法，为引入课程主题与小组辩论做铺垫。
	课堂探究辩"空"	【任务驱动法】 教师提出辩论主题，引导学生开展主题辩论活动。 【教师评价】 教师根据小组辩论情况进行评价。	【小组辩论法】 小组围绕主题进行辩论。 辩题一：世界是否恒久不变？ 辩题二：是否有永恒的自我？ 【学生互评】 学生对小组辩论活动互相进行评价。	学生通过查找、搜集和整理与辩论主题相关的资料，增加课程学习参与度，加深对空性主题的认识，培养自主学习、主动思考、小组协作能力。

教学实施	课堂探究解"空"	【案例教学法】 教师播放"量子力学与缘起性空"微课视频，引导学生结合佛家经典文本理解世界与自我的缘起空性。	【自主探究法】 学生观看案例视频并回答问题：是否存在永恒的世界与自我？	在小组辩论的基础上，结合**微课视频**引导学生准确理解"空性"概念的内涵。 微课视频：量子力学与缘起性空
	课堂探究辨"空"	【启发式教学法】 教师在学生了解佛家空性思想后进一步引导学生思考、讨论和辨别关于"空"的错误见解，强化学生对"空"的正确认识。 【教师评价】 教师根据小组讨论情况进行评价。	【小组讨论法】 学生以小组为单位展开讨论并形成结论： 问题一：事物消失后的状态是"空"吗？ 问题二：万物之外的某物是"空"吗？ 问题三：空间意义上的虚空是"空"吗？ 【学生互评】 学生对小组讨论活动互相进行评价。	运用**小组讨论法、启发式教学法**，针对空性的几种错误见解进行分析、辨别，并认识到其危害，强化学生对空性正见的认识，**解决教学重点**。
	课堂探究明"空"	【案例教学法】 教师结合教材案例引导学生思考空性思想的现代价值问题，并结合学生回答情况进行总结。	学生阅读教材案例，思考并回答空性思想对于现代社会的价值。 【自动评价】 系统对学生提交的答案进行自动评价。	运用**案例教学法**，通过阅读与分析案例，启发学生体会空性思想的现代价值，并引导学生运用空性思想观察自己的身心烦恼问题，**解决教学难点**。

教学实施	课后作业观"空"	【任务驱动法】教师结合教材中的行为训练作业发布课后任务：反思曾经的痛苦和现在的烦恼，提出放下过去痛苦与解决当下烦恼的办法。【教师评价】教师根据学生完成情况进行评价。	【小组合作法】学生结合自身问题提出处理方法，并提交至课程平台。	通过**课程平台**发布课后行为训练任务，学生完成作业后提交至课程平台，**巩固教学难点**。
教学评价		课前评价（10%）：识"空"环节学生对探究情况进行互评，重点考查学生课前学习与思考问题的程度。课中评价（70%）：根据说"空"、辨"空"、明"空"环节中的学生小组合作与个人回答问题等情况，进行教师评价、学生互评与自动评价，考查学生对教学重难点的掌握情况。课后评价（20%）：观"空"环节根据学生任务完成情况进行教师评价，考查学生的实际运用能力情况。＊单元教学评价结果作为"国学精粹"课程平时成绩评定依据。		
教学反思	信息化手段应用特色	（1）利用课程平台引导学生完成课前自主探究与课后行为训练任务，提高学生的积极性与参与度。（2）借助微课视频进行案例教学，帮助学生理解抽象的教学重难点问题。	
	教学预期效果	（1）学生能较为准确地理解空性思想的内涵，并能辨别错误的空性见解。（2）学生能初步运用空性思想观察和处理学习、生活中的问题。	
	不足之处	学生虽然能在知识上理解空性思想，但在自身生活体验方面难以体会空性思想的实践内涵。	
	改进措施	通过案例教学与启发式教学，引导学生将空性的思想内涵转化为实践内涵。	

模块十四 智慧

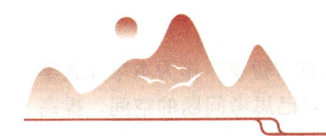

洞察真相的"智慧"

所属课程	国学精粹	课程性质	公共基础必修课
所属模块	智慧	授课对象	所有专业
授课地点	多媒体教室	授课学时	2学时
授课形式	网络教学、情境教学		
教学目标	**知识目标**：了解佛家的"四谛"说，较为准确地理解佛家的"空性""智慧"等概念，消除对佛家的种种误解。 **能力目标**：能观照和调适自己的身心，并能运用空性智慧处理学习、生活中的问题。 **素质目标**：具备一定的反思意识，能初步体悟空性的智慧。			
课程思政	习近平总书记在2016年全国宗教工作会议上强调："积极践行社会主义核心价值观，弘扬中华文化，努力把宗教教义同中华文化相融合。" 佛家的修行以断恶为前提，以行善为基础，以净化心灵、开启智慧为目的。所谓"慧从善根生"，契合社会主义核心价值观中的"友善"准则。佛家特别是禅宗强调明心见性、自识本心、见性成佛之论及一整套修行的方法，旨在启发人内在的自觉品质，有利于培养高尚的道德人格。			
学情分析	**知识基础分析**：学生已经完成儒家、道家的专题学习，已初步了解儒家和道家思想的起源、基本思想及其蕴含的人生智慧，并能初步运用所学的经典指导生活实践，但尚未深入观察自己的心念。 **学生特点分析**：对于佛家的了解主要停留在电视剧或文学小说层面，缺乏对佛家核心概念、基本思想与精神追求的准确认识。 **信息素养分析**：具备基本信息检索能力。 **爱好分析**：学生对佛教有较强的好奇心，但现实中接触更多的是民间信仰活动。近年来网络上流行"佛系"文化，喜欢标榜"佛系"的人生态度（追求个人自我的心理舒适和精神安逸）。			

教学内容	本单元选自全校公共基础课"国学精粹",选取第三编第二章"智慧"作为本单元教学内容。学习佛家有利于提升学生认识问题的水平和境界,拓宽自己思考问题的空间,提高解决问题的能力,从而减少人生烦恼。佛教用"四谛"(苦、集、灭、道)来表达其对世界与人生的根本主张,教师通过经典故事和案例让学生理解"四谛",理解佛家断除愚痴、开启洞察真相的智慧,并培养学生在日常生活中积德行善的品行。
教学重难点	**教学重点**:掌握佛家的"四谛说",准确理解"空性"与"智慧"核心概念及其蕴含的人生智慧。 **教学难点**:深入体会空性思想,运用智慧调适身心和处理学习、生活中的问题。
教材分析	本课程选用"十二五"职业教育国家规划教材《国学精粹》(第二版),该教材由中国人民大学出版社出版。 　　本单元教学内容对应教材第三编"佛家的人生智慧"第一章"空性"和第二章"智慧"的相关内容。教材简要介绍佛家的空性、智慧思想,并配有典型案例、经典文本、经典故事、拓展阅读以及行为训练,与本单元讲述的"万法缘起性空""求无上智慧"相辅相成,为学生课后自主探究佛家空性观、智慧思想提供了良好的阅读素材。
教学策略	本课程根据知行合一论、生活教育论与知情意行协调发展德育论,运用任务驱动、自主探究、情境教学、启发式教学、案例教学等教学法,围绕佛家的"四谛"开展教学内容。"四谛"包括:苦谛(身心的痛苦)、集谛(痛苦的原因)、灭谛(痛苦的解脱)、道谛(解脱痛苦的方法)。 　　**课前**:依托课程平台发布学习任务,观看纪录片《佛陀的一生》,了解佛教的起源和发展历史,并回答相关问题,教师根据任务完成情况调整教学策略。 　　**课中**:教师通过生活案例或经典故事引导学生思考人生的痛苦和痛苦的根源,并归纳苦谛、集谛的概念。在此基础上,教师重点讲授灭谛、道谛,这一环节仍需结合经典案例或故事,将抽象概念化为具体可感的内容,或通过创设日常生活情境,引导学生探究生活中化解身心矛盾、人与人之间矛盾的办法,从而有效突破教学重难点。 　　**课后**:发布行为训练任务,在课程平台上分享自己的布施体会。
教学环境	略
信息化教学资源	略

环节内容		教师活动	学生活动	信息化资源运用及效果
教学实施	课前识"佛"	【任务驱动法】教师在教学平台发布小组任务，并指导学生设计完成佛教历史文化的分享活动。	【自主探究法】【小组合作法】学生接收任务，学习"国学精粹"相关微课程，并分小组开展观后感分享：说说你观看短片之后，对佛陀的认识有什么不同？佛陀的故事让你印象最深的是什么？请在"敦煌学信息资源库"网站上了解一件和佛教相关的艺术作品（音像或图片），并用PPT做简单介绍。	教师在学习平台远程发布任务与课前评价，了解学生学习情况；学生随时随地接收学习任务，完成课前任务并反馈学习结果。

教学实施	课程前导说"佛"	【启发式教学法】 教师简要介绍单元学习内容，并请学生上台汇报分享活动的成果。随后，提出疑问：什么是"佛家的基本思想"？ 【教师评价】 教师对课前任务完成情况进行评价。	【小组合作法】 组长将小组成员的观点汇总整理成PPT，并在课堂上进行汇报展示。	使用短视频、信息资源库，初步了解佛教的历史与文化，唤起学习兴趣。   通过《佛陀的一生》观后感分享和敦煌艺术作品展示，唤起学生对佛教历史文化的兴趣，为下一环节导入佛家基本思想做铺垫。 

| 教学实施 | 课堂探究苦、集二谛 | 【案例教学法】【启发式教学法】教师发布探究任务：观看视频案例，分析思考：人生的痛苦表现是什么？产生痛苦的根源是什么？随后，根据学生的回答，结合经典文本解说人身心所承受的"八苦"。

通过对《西游记》中孙悟空、猪八戒、沙悟净的角色分析，让学生思考痛苦产生的原因在于受到了"贪""嗔""痴"的影响。

【教师评价】根据学生完成情况进行评价。 | 【自主探究法】学生观看视频并思考回答问题：肉体与精神的痛苦有哪些？

分小组自主学习经典案例或经典故事，说说自己在"贪""嗔""痴"方面的具体表现。 | "八苦"中的"五蕴炽盛"较为抽象，通过播放"人生八苦"的教学视频，以师徒间生动的对话解说何为"五蕴炽盛"，初步解决教学重点。

小组讨论：《西游记》角色分析
唐僧
孙行者（悟空）
猪八戒（悟能）
沙和尚（悟净）
白龙马

孙悟空（嗔）→ 斗战胜佛
猪八戒（贪）→ 净坛使者
沙悟净（痴）→ 金身罗汉

贪：染著色、声、香、味、触等五欲之境，另指财、色、名、食、睡。
○经典案例：教材第137页案例3"骗你没商量"。
○经典故事：第144页"奴守门喻"。

嗔：与贪相反，指仇视、怨恨和损害他人的心理。
○经典案例：教材第138页案例4"自损损他"。
○经典故事：第145页"共相怨害喻"。

痴：浅层指心性迷暗，愚昧无知，不识因果；深层指不能观察宇宙人生的真相。
○经典案例：教材第136页案例1"虎口无情"。 |

教学实施	课堂探究 灭谛	【案例教学法】【启发式教学法】 教师选取以下一则经典案例或故事讲解佛家的空性观。 经典案例一：从位极人臣到家破人亡的李斯。 经典案例二：从富甲天下到革职抄家。 经典故事：得道因缘。	【自主探究法】 学生根据经典案例或故事讨论相关问题： 问题一：分析财物、名利、地位在生活中的意义。 问题二：试举例说明你理解的"空"。	运用**案例教学法**、**启发式教学法**，结合经典案例和故事，引导学生认识佛教的基本立场，准确理解空性观是把握佛教人生智慧的关键所在，**解决教学难点**。 （三）灭谛：痛苦的解脱 阅读教材第107页：空性 ○凡所有相，皆是虚妄。若见诸相非相，即见如来。 ○一切有为法，如梦幻泡影，如露亦如电，应作如是观。 ——《金刚经》 （三）灭谛：痛苦的解脱 任何一个事物都不能孤立存在，它必须与其他事物互为缘起。任何一个因素发生变化，事物就会跟着起变化。永恒不变的事物是不存在的。因此，事物的本性为空。 ○经典案例：第123页李斯、124页和珅 ○经典故事：第129页"得道因缘"
	课堂探究 道谛	【案例教学法】【启发式教学法】 教师先播放视频，引导学生分析思考布施的意义。随后，根据学生的回答，结合经典文本，总结佛家解脱痛苦的方法（六度波罗蜜）。	学生观看视频，并诵读佛家相关经典。	运用**案例教学法**、**启发式教学法**，通过观看视频（布施收获幸福的故事），了解布施的内容和方法，体悟布施的智慧。 （四）道谛：解脱痛苦的方法 阅读教材第136页 六度波罗蜜是哪六度？ （1）布施——对治悭贪 教学视频：布施收获幸福 1.布施的内容：财布施、无畏施、法布施 2.布施的方法：平等施、合法施、智慧施 （施前决定，施时欢喜，施后不悔） 3.布施的智慧：三轮体空 ○今天我布施了什么？

教学实施	课后作业 行为训练	【任务驱动法】 　　教师发布行为训练任务，随缘、随力、随分布施3次，学生分享布施的心得体会。 【教师评价】 　　根据学生完成情况进行评价。	【小组合作法】 　　学生在课程平台分享自己3次布施的体会。 【学生互评】 　　学生对平台上的作业开展互评。	通过**课程平台**发布课后任务，完成作业后上传，巩固**教学难点**。
教学评价	课前评价（10%）：说"佛"环节根据学生汇报情况开展教师评价，重点考查学生课前预习情况以及小组合作情况。 课中评价（70%）：根据各环节学生小组探究任务完成情况开展教师评价，考查学生对教学重难点的掌握情况。 课后评价（20%）：结合学生任务完成情况以及学生互评开展教师评价，了解学生在实践环节遇到的问题。 ＊单元教学评价结果作为"国学精粹"课程平时成绩评定依据。			
教学反思	信息化手段 应用特色	（1）利用课程平台，引导学生运用信息化教学资源进行自主探究学习和拓展学习。 （2）借助教学平台开展课堂提问与课堂互动，调动学生兴趣与积极性。		
	教学预期效果	（1）学生对佛教历史和佛教文化有一定的了解。 （2）学生能较为准确地理解佛家的空性、智慧等概念，消除对佛家的种种世俗误解。 （3）通过课程教学与实践，能观照和调适自己的身心，具备一定的反思意识，能够运用空性智慧处理学习、生活中的问题。		
	不足之处	受世俗观念的影响，学生对佛家"人生是苦""一切皆空"等观点容易产生偏见，认为人生毫无意义、空等于什么都没有，从而消极悲观，对自身前途产生宿命感。		
	改进措施	教师对佛家思想的讲解要准确到位，教学过程中可先让学生自己说出见解，教师再从正面提醒，消除误解。		

模块十五 慈悲

佛家的慈悲观

所属课程	国学精粹	课程性质	公共基础必修课
所属模块	慈悲	授课对象	所有专业
授课地点	多媒体教室	授课学时	2学时
授课形式	网络教学、情境教学		
教学目标	知识目标：了解佛家关于慈悲的概念，掌握慈悲的基本思想。 能力目标：能唤起自己的悲悯之心，能具备一定的关怀他人、帮助他人的慈悲意识。 素质目标：尝试用利他的精神去处理自己面对的人、事、物。		
课程思政	佛教无我利他的慈悲理念与社会主义核心价值观是相互融通的，佛教主张以慈悲心平等对待众生。所谓"众生平等""自度度人"，契合社会主义核心价值观中的"平等""友善"准则。佛教的慈悲观符合人性的根本需求，有助于建立和谐的人际关系，有利于弘扬互助互爱的伦理美德，对培养公民的道德与维护社会稳定也颇有益处。		
学情分析	知识基础分析：学生已经对佛教的起源和历史有一定了解，学习了佛家的空性、智慧等基本思想，为进一步深入学习佛家慈悲思想奠定了基础。但由于学生缺乏与之相关的人生经验，因此还难以深刻体证真理。 学生特点分析：一般人受"非此即彼、非彼即此"的二元对立思维方式影响，身心容易陷入紧张、焦虑的状态，处于身心发育阶段的大学生更是如此，因此须以佛家圆融的智慧为引导，打破二元对立的思维局限，树立积极的人生观。 信息素养分析：具备基本信息检索能力。 爱好分析：学生对佛教有较强的好奇心，但现实中更多的是接触民间信仰活动。近年来网络流行"佛系"文化，喜欢标榜"佛系"的人生态度（追求个人自我的心理舒适和精神安逸）。		
教学内容	本单元选自全校公共基础课"国学精粹"，选取第三编第三节"慈悲"作为本单元教学内容。慈悲是佛教的核心理念之一，蕴含着佛教无我利他的入世情怀。慈悲观的哲学基础是"缘起论"，慈悲思想的要义为"与乐拔苦"。慈悲心包括同情心、仁爱心、博爱心等多个层次，培养慈悲心需要渐进积累，要从对待父母开始，从知恩、感恩、念恩、报恩开始。教师通过经典故事和案例让学生理解佛家慈悲精神的内涵，引导学生以自利利他的视角分析当下的一些社会现象，得出对当下社会亟待解决问题的一些启示，达到真正的理论与实践相结合的目的。		

教学重难点	**教学重点**：掌握"慈悲"核心概念及其蕴含的人生智慧。 **教学难点**：深入体会慈悲思想，用慈悲之心待人、接物、处世。
教材分析	本课程选用"十二五"职业教育国家规划教材《国学精粹》（第二版），该教材由中国人民大学出版社出版。 　　本单元教学内容对应教材第三编"佛家的人生智慧"第三章"慈悲"的相关内容。教材简要介绍佛家慈悲思想，配有典型案例、经典文本、经典故事、拓展阅读以及行为训练，相关的阅读建议更为学生课后自主探究佛家慈悲思想提供了良好的阅读素材。
教学策略	本课程根据知行合一论、生活教育论与知情意行协调发展德育论，运用任务驱动、自主探究、情境教学、启发式教学、案例教学等教学法，通过课前发布小组任务，课中以经典故事和案例启发性教学，课后落实行为训练等教学环节，以学生为中心开展佛家慈悲思想的学习。 　　**课前**：依托课程平台发布任务"推荐一个你所知道的志愿者团体或慈善组织"，分享参与慈善活动的体会，让学生通过身边的公益活动了解佛家慈悲精神的现代表现形式，初步感知慈悲的价值和意义，教师根据任务完成情况调整教学策略。 　　**课中**：教师发布探究任务，让学生通过经典案例和故事开展问题讨论。为了让学生理解慈悲的内涵，注意选择恰当的例子说明慈悲心不同层次的具体表现。教师根据学生探究情况创设情境，结合经典文本进行点拨升华，通过"做中学、做中教"的方式，将探究任务的沉浸感与交互性带入学习中，从而有效突破教学重难点。 　　**课后**：发布行为训练任务，要求学生以小组为单位，完成"如何培养慈悲之心"的行为方案，并将自己制订的方案落实于日常行为。
教学环境	略
信息化教学资源	略

	环节内容	教师活动	学生活动	信息化资源运用及效果
教学实施	课前准备 寻"慈善"	【任务驱动法】 教师在教学平台发布小组任务，推荐一个志愿者团体或慈善组织，为其设计一张宣传海报。	【自主探究法】 【小组合作法】 小组接收任务，寻找自己感兴趣的一个志愿者团体或慈善组织，了解其任务和宗旨，为其制作一张宣传海报。	教师运用**超星学习通**远程发布任务与课前评价，了解学生学习情况；学生随时随地接收学习任务，完成课前任务并反馈学习结果。
	课程前导 说"慈善"	【启发式教学法】 教师简要介绍单元学习内容，并请学生上台汇报课前活动成果。随后，根据学生探究成果进行点评与补充说明。 【教师评价】 教师对课前任务完成情况进行评价。	【小组合作法】 小组展示宣传海报，并对该志愿者团体或慈善组织予以评价，分享自己参与慈善活动的体会。	通过"推荐一个志愿者团体或慈善组织"活动，为下一环节导入"慈悲"的概念做铺垫。教师结合学生探究成果，引导学生思考现代慈善观与佛家慈悲观的关系。

教学实施	课堂探究 人之"慈悲"	【案例教学法】【启发式教学法】 教师发布探究任务：观看视频案例，分析思考：什么人有条件做慈善？什么人可以成为有慈悲心的人？随后，教师根据学生回答进行点评。 总结佛家关于"慈悲"的内涵，分析慈悲心的三个层次：同情心、仁爱心、博爱心。慈悲的动力源自知恩、感恩、念恩、报恩之心。 【教师评价】 根据学生完成情况进行评价。	【自主探究法】 学生观看视频并思考、讨论相关问题。	播放视频案例《拾荒老人的秘密》，教师引导学生开展问题讨论，**初步解决教学重点**。
	课堂探究 佛之"慈悲"	【案例教学法】【启发式教学法】 教师通过经典故事《大医王的慈悲》《文殊显化》，介绍佛家关于"慈悲"的重要论述。随后，教师根据经典文本和案例故事，阐述佛家的平等观。	学生观看视频，并诵读佛家相关经典。	播放视频《文殊显化》，使学生理解佛教慈悲故事的寓意，**解决教学难点**。

教学实施	总结升华悟"慈悲"	【情境教学法】【启发式教学法】 教师创设生活情境，面对不同的情境时如何保持"慈悲心"，引导学生思考问题：慈悲是否等同于纵容姑息？应以什么样的态度面对可恼的人与事？ 教师点评学生的回答，总结慈悲的智慧，阐释自利利他的核心理念。 【教师评价】 根据学生完成情况进行评价。	【自主探究法】【小组合作法】 学生分组讨论并回答问题。	以**情境教学**、**启发式教学法**引导学生思考如何保持慈悲心，巩固**教学重点**。
	课后作业行"慈悲"	【任务驱动法】 教师发布行为训练任务，引导学生结合生活实际思考"如何培养慈悲之心"，并根据学生讨论情况指导学生形成实践方案。 【教师评价】 根据学生完成情况进行评价。	【小组合作法】 学生分小组讨论"如何培养慈悲心"，以小组为单位给出实践方案，并在课程平台分享。 【学生互评】 学生对平台上的作业开展互评。	通过**课程平台**发布课后任务，引导学生结合日常生活实际思考培养慈悲之心的行为方案，并按行为方案去落实，巩固**教学难点**。

教学评价		**课前评价（10%）**：导入环节根据学生汇报情况开展教师评价，重点考查学生课前预习情况以及小组合作情况。 **课中评价（70%）**：根据各环节学生小组探究任务完成情况开展教师评价，考查学生对教学重难点的掌握情况。 **课后评价（20%）**：结合学生任务完成情况以及学生互评情况开展教师评价，考查学生在日常生活中践行佛家慈悲精神的情况。 ＊单元教学评价结果作为"国学精粹"课程平时成绩评定依据。
教学反思	信息化手段应用特色	（1）利用网络课程平台与精品课程平台，引导学生运用信息化教学资源进行自主探究学习和拓展学习。 （2）借助教学平台开展课堂提问与课堂互动，调动学生学习的兴趣与积极性。
	教学预期效果	（1）学生能够掌握慈悲的基本思想与精神内涵。 （2）学生能用慈悲的态度面对生活中的人、事、物。 （3）学生通过课程教学与实践，形成关怀他人、帮助他人的慈悲意识。
	不足之处	部分学生执行课后任务时，制订的方案流于形式，难以落实。
	改进措施	教师应引导学生思考如何从切身之处做起，由近及远、由易到难，有次序、有步骤地开展，或点评优秀范例，提供学习榜样。

中华优秀传统文化课程模块设计

实践教学

模块一 诗词吟诵

授课信息			
所属课程	国学精粹	课程性质	公共基础必修课
所属模块	实践模块	授课对象	所有专业
授课地点	国学实训室	授课学时	2学时
授课形式	课赛融合、体验式教学		
教学目标	**知识目标**：能简要复述古典诗词的格律常识及吟诵基本方法。 **能力目标**：能初步运用吟诵三步法，用普通话或方言吟诵少量、有限的诗词。 **素质目标**：涵养人文精神，树立传承、弘扬中华诗教传统的意识。		
课程思政	习近平总书记指出：学习理论最有效的办法是**读原著、学原文、悟原理**，强读强记，常学常新，往深里走、往实里走、往心里走，把自己摆进去、把职责摆进去、把工作摆进去，做到学、思、用贯通，知、信、行统一。 　　本模块通过课堂教学传承吟诵中华经典的方式方法，将传统诗教进行现代化转化，**弘扬中华美育精神**，培养学生阅读中华经典的兴趣爱好，贯彻习近平总书记在2019年中央党校（国家行政学院）中青年干部培训班开班式上的讲话精神，贯彻教育部、国家语委2018年印发的《中华经典诵读工程实施方案》（教语用〔2018〕3号）关于加强开展经典诵读文化实践的要求。		
学情分析	**知识基础分析**：学生在中小学阶段已学习部分古诗文经典名篇，能背诵常见的经典名言名句，但尚未接触过传统的吟诵读书法。 　　**学生特点分析**：习惯以默读或朗诵的方式学习古典诗词，乐于用流行曲调咏唱经典，但对古典诗词的情感意蕴缺乏感性认识与身心体验。 　　**信息素养分析**：具备一定的信息检索能力，不熟悉竞赛操作平台。		

教学内容	本模块选自全校公共基础课"国学精粹",课程总体目标是培养具有良好人文素质、职业道德以及健全人格的新型高职人才。本单元教学内容属于实践模块,让学生体验传统吟诵文化,了解古典诗词的格律常识和吟诵的基本方法,并掌握从朗诵变为吟诵的步骤,从中体会传统吟诵调的儒雅风格,体悟吟诵读书法"直入诗心"的妙用,对提升学生古诗文学习能力、树立良好经典阅读习惯、提升古诗文审美品位有重要作用。 | 实践一：诗词吟诵 | 2学时 | | 实践二：日常礼仪 | 2学时 | | 实践三：茶艺体验 | 2学时 | | 实践四：古琴艺术 | 2学时 | | 实践五：家乡文化 | 2学时 | | 实践六：项目实践 | 2学时 | 实践一：诗词吟诵 | 探究任务一：古诗新唱 | 吟唱诗词 | 课前兴"吟" | | | 问题抢答 | 课中观"吟" | | 探究任务二：辨声识律 | 理论精讲 在线测试 | 课中辨"吟" | | | 理论精讲 小组竞赛 | 课中识"吟" | | 探究任务三：小试牛刀 | 理论精讲 跟读练习 | 课中试"吟" | | | 自主探究 小组竞赛 | 课中行"吟" | | 探究任务四：传承推广 | 拓展延伸 | 课中悟"吟" | | | 成果推广 | 课后传"吟" |
教学重难点	**教学重点**：理解古典诗词的格律常识、"吟诵三步法"。 **教学难点**：准确分辨入声字,掌握从朗诵变为吟诵的方法。
教材分析	本模块选用"十二五"职业教育国家规划教材《国学精粹》(第二版),该教材由中国人民大学出版社出版。 本模块学习内容对应《国学精粹》(第二版)绪论"国学与人生"中第三部分内容(诵读经典),以及第一编第二章介绍的"朱子读书法"。教材以简明扼要的方式介绍诵读经典的态度、诵读经典的方式以及诵读经典的四重境界,与本单元的诗词吟诵体验相辅相成,为学生研读中华传统经典指明了行之有效的入门路径。 同时,本单元使用辅助教材《格律诗词常识、欣赏和吟诵》,该教材由中国人民大学出版社出版。 辅助教材介绍诗词格律基本常识以及古诗文吟诵方法,并配有经典诗文吟诵音频,为学生学习古诗文吟诵提供了极大的便利。

教学策略与方法	本课采用任务驱动、示范教学的教法，以及自主探究、分组竞赛的学法，以学生为中心开展诗词吟诵实践活动。主要教学方法如下： **任务驱动法**：课前，教师以任务为驱动引导学生"古诗新唱"，使学生克服害羞，敢于开口；课中，通过在线测试、吟诵比试的任务，循序渐进地提升学生的吟诵技巧；课后，指导学生参与经典诵读比赛，以赛促学。 **示范教学法**：课中，教师针对名家的吟诵调进行分解示范，引导学生多揣摩。学生通过集体跟读、两人对练等方式，强化训练，提高开口率。教师通过观察学生的练习过程，发现问题及时纠正，落实教学重点。 **自主探究法**：学生独立完成在线答题，扫除自主学习时的知识盲点，纠正知识误点；在反复练习后，以小组为单位开展吟诵探究，自行探索吟诵腔调和情感表现方式，展示学习成果，突破教学难点。 **分组竞赛教学法**：课上，学生以小组为单位参加吟诵竞赛，合作完成小组任务，互帮互教，以赛促学，最大限度发挥学生个体参与和群体合作的积极性。
教学环境	"传统＋现代"国学实训室
信息化教学资源	信息化教学资源：智慧职教MOOC学院"国学精粹"、"国学精粹"网络课程平台（省级精品课程）、中共中央宣传部"学习强国"学习平台、汉字全息资源应用系统、问卷星

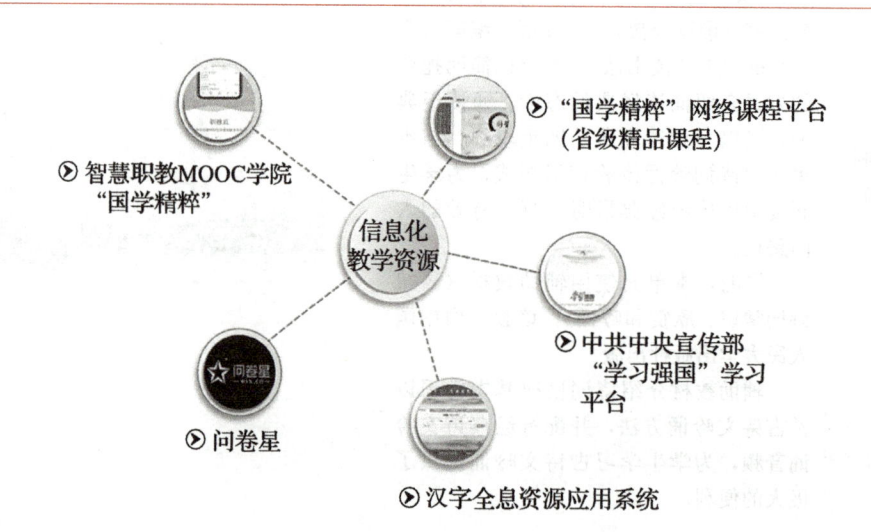

教学活动安排

教学环节	教师活动	具体内容	学生活动	设计意图及效果
课前任务 兴"吟"	发布课前导学任务"古诗新唱"。	【导学任务】 　　小组以"古诗新唱"的方式吟唱一首古诗词。 　　观看纪录片《"唐调"流韵》。 【任务要求】 　　在智慧职教MOOC学院上传小组吟唱诗词的视频。 　　在留言区发表观后感或提出疑问。	登录智慧职教MOOC学院，接收并完成课前导学任务。	采用**任务驱动法**，引发学生感知"新式吟唱"与"传统吟诵"的区别，用实践体验唤起学生的学习兴趣。 **智慧职教MOOC学院发布课前导学任务**
	批阅小组视频作业、留言。	根据小组拍摄视频的质量，对小组进行评分；收集学生的留言和疑问。		根据学生的留言和疑问了解学情，调整教学策略。 **学生在平台上提交课前导学任务**

第一学时

教学环节	教师活动	具体内容	学生活动	设计意图及效果
课程前导 观"吟"	回顾课前任务；公布本次课的赛程及规则，创设竞赛情境。	【导入课题】 　　教师回顾课前任务，点评各小组完成任务的情况，并公布小组得分，计入第一轮竞赛成绩。 【小组竞赛（第一轮）】 　　"听吟诵，猜作品"抢答活动，得分计入小组竞赛成绩。	小组合作参与"听吟诵，猜作品"抢答活动。	采用**分组竞赛教学法**，通过抢答活动，强化学生对吟诵腔、朗诵腔和歌唱腔的听觉反应，进一步感知三者的区别，为课堂探究一做铺垫。 **"听吟诵，猜作品"抢答竞赛**

教学环节	教师活动	具体内容	学生活动	设计意图及效果
课堂探究一 辨"吟"	辨声识律 　讲解汉字四声与平仄的格律常识。	【理论精讲】 　讲解"平上去入"四声的区别，以《登鹳雀楼》为例辨析入声字。	分组轮流读出"平上去入"四声的字例。	借助汉字全息资源应用系统识别入声字，解决教学难点。 **用汉字全息资源应用系统检索汉字声调**
	指导学生在线答题，检测知识盲点。	【在线测试】 　利用智慧职教MOOC学院测验活动，发布"辨声识律"答题任务，并针对高频错题进行讲解。	个人完成在线"辨声识律"答题任务。	采用**任务驱动法**，使学生能正确辨别汉字四声，划分平仄，为课堂探究二做理论铺垫。 **智慧职教 MOOC 学院 "辨声识律"答题任务**
课堂探究二 识"吟"	辨声识律 　讲解诗句节奏的格律常识。	【理论精讲】 　讲解古典诗歌的基本节奏单位以及"一三五不论，二四六分明"的格律规则。	回答教师讲解过程中的随机提问，发言正确计入小组加分。	使学生能够正确划分诗步，掌握从字到句的吟诵规则，为课堂探究三做好理论准备。 **讲解诗词格律知识**
	通过名家吟诵音频示范、教师带读，引导学生从字到句的吟诵实践。	【跟读练习】 　练习《关雎》，听音频示范、教师逐句带读；学生自由练习时，教师巡视，个别指导。 【小组竞赛（第二轮）】 　小组合作吟诵展示；教师为学生录像，上传至教学平台，供学生回看。	集体跟读练习—两人对练—小组合作吟诵展示。	采用**示范教学法、分组竞赛教学法**，引导学生运用格律知识初步掌握最简单的四言诗吟诵，**落实教学重点**。 **小组两人对练《关雎》吟诵**

教学环节	教师活动	具体内容	学生活动	设计意图及效果
	第二学时				
课堂点拨 试"吟"	点评上一节小组展示，总结问题；播放视频，认识吟诵的妙用。	【教师点拨】 　　点评学生的吟诵效果，存在的普遍问题是念读、朗诵、天籁腔。 【播放视频】 　　吟诵大师谈吟诵的妙用；引导学生理解吟诵的读书方式有助于读者与作者产生思想交流；深化对之前所学"朱子读书法"的理解。	观看视频，了解吟诵与阅读的区别。	使学生意识到自己与传统吟诵腔的差距；通过视频了解吟诵作为读书方法的妙用，鼓励学生提升吟诵技巧，为"吟诵三步法"的学习做铺垫。 吟诵"声入心通"的妙用
	结合例子讲解"吟诵三步法"，边讲边练。	【理论精讲】 　　吟诵三步法：因律行腔（平长仄短）—因韵玩味（句末拖腔）—因声寄情（添加倚音）。 【跟读练习】 　　以《芙蓉楼送辛渐》《早发白帝城》为例，播放名家示范音频，教师反复带读。	运用吟诵符号正确标注诗句—集体跟读练习。	采用示范教学法，讲练结合，掌握从朗诵变为吟诵的方法，能够吟诵五、七言绝句，落实教学重点。 教师带读练习倚音
课堂探究三 行"吟"	引导学生从机械性模仿到创造性模仿。	【自主探究】 　　引导学生自主运用"三步法"分析作品；教师巡视，个别辅导。 【小组互评】 　　检查平仄、入声字、韵脚等标注是否正确；得分计入小组竞赛成绩。	小组合作探究—互评探究结果—吟诵练习。	采用任务驱动法，检查学生对理论的掌握情况，为下一环节的比试吟诵扫除知识盲点。 小组合作探讨落实"三步法"
	指导学生自主吟诵，点评成果。	【小组竞赛（第三轮）】 　　以小组代表PK的形式进行比试，其他小组和教师参与投票。 【教师点拨】 　　点评各组代表吟诵的优缺点，提出改进措施。	学生在智慧职教MOOC学院对PK的2个小组进行投票。	采用分组竞赛教学法，培养自主吟诵的信心，在观摩切磋中相互学习。教师通过点评，巩固知识点，解决教学难点。 小组代表展示吟诵

教学环节	教师活动	具体内容	学生活动	设计意图及效果
课堂拓展 悟"吟"	从文化传承的角度加深对吟诵的理解。	【播放视频】 　　播放"日韩吟诵表演""吟诵大师谈方言吟诵"视频。 【教师点拨】 　　教师示范方言吟诵，分享个人学习吟诵的故事与心得。	自由发言，分享个人感悟，发言计入小组竞赛成绩。	通过视频唤醒学生传承中华传统吟咏文化的意识，指出从方言角度传承吟诵的可行之途。 **吟诵大师谈方言吟诵**
课后作业 传"吟"	发布本课课后实践任务和下次课课前任务。	【成果推广】 　　指导学生参与校内社团举行的经典诵读比赛（优秀作品推荐省市比赛）。学生将参赛作品音频发布到平台，教师批阅后计入课后成绩。 【课前任务】 　　完成下节课课前导学任务。	参与校内外诵读比赛，推广吟诵。	激发学生学以致用的成就感，以赛促学，实现知行合一。 **指导学生参与诵读比赛**
成绩评价		单元成绩 = 10% 课前任务（教师批阅） + 70% 课中成绩（小组互评60%、教师评价40%） + 20% 课后任务（知识点测验 教师批阅） 课中成绩 = 小组互评 60% + 教师评价 40% 　　课前评价（10%）：根据学生提交的小组合作成果与观看导学视频的情况，教师批阅后计入单元成绩，重点考查学生合作能力与学习态度。 　　课中评价（70%）：对学生线上答题和小组竞赛进行小组互评与教师评价，考查学生的探究精神、合作交流能力，以及对知识的综合运用能力，主要聚焦教学重难点的掌握情况。 　　课后评价（20%）：根据学生实践任务的执行情况，考查学生对教学重点的巩固情况与实践运用能力。 　　＊单元教学评价结果作为"国学精粹"课程平时成绩评定依据。		

课后反思	
教学预期效果	通过课赛融合与体验式教学，达到了以下效果： （1）学生能够初步体验传统吟诵读书法与朗诵的区别。 （2）学生能借用工具自行分析经典诗文的字义、字音和句子平仄。 （3）学生能够采用"吟诵三步法"，用普通话吟诵少量、有限的诗词。 （4）部分学生能够把吟诵发展成为一种兴趣爱好，参与吟诵的传承。
不足之处	吟诵教学环节，由于对传统吟诵腔较为陌生，部分学生羞于开口尝试吟诵，需要教师多引导。
改进措施	今后可考虑在课前或课间播放经典吟诵的音频，让学生消除对吟诵的陌生感，多听可增强语感；或播放同学的优秀范例，提高学生对学习吟诵的自信心。

附：诗词吟诵评分参照标准

评分项	A（21~25分）	B（11~20分）	C（5~10分）	得分
平仄声调处理 （25分）	（1）平长仄短处理非常准确。 （2）入声字发音准确。	（1）平长仄短处理有个别地方不妥。 （2）入声字发音有个别地方不准。	（1）平长仄短处理有较多明显失误。 （2）入声字发音错误较多。	
拖腔的运用 （25分）	能在情感变化和段落转换时，适当运用拖腔吟出诗的韵味。	基本能在句末运用拖腔，作品情调体现较好。	拖腔运用不当，朗读腔明显。	
添加倚音 （25分）	倚音使用适当，自然流畅，有较好的音乐效果。	倚音使用合理，但不够熟练自然，有一定的音乐效果。	倚音运用不当，朗读腔明显。	
整体表现力 （25分）	（1）小组合作意识、团队精神、协同能力较强。 （2）能通过声音的高低、强弱、徐疾，较好地展示出对文字感情的充分理解，整体非常流畅。 （3）有效配合肢体动作，优雅、自信，观赏舒服。	（1）小组合作意识、团队精神、协同能力一般。 （2）声音的高低、强弱、徐疾的处理一般，基本能展示出对文字感情的理解，整体基本流畅。 （3）有适度的肢体动作，稍显紧张，观赏效果一般。	（1）小组合作意识、团队精神、协同能力较弱。 （2）对声音的高低、强弱、徐疾的处理较差，未能展示出对文字感情的理解，整体不流畅。 （3）没有或有太多肢体动作，生硬、不自然，观赏效果较差。	
最终得分				

说明：此表用于课中成绩的教师评价。

模块二 日常礼仪

授课信息			
所属课程	国学精粹	课程性质	公共基础必修课
所属模块	实践模块	授课对象	所有专业
授课地点	国学实训室	授课学时	2学时
授课形式		翻转课堂、体验式教学	
教学目标		**知识目标**：能说出传统"坐、立、行、言"日常礼仪的行为要点，理解"不学礼，无以立"的精神实质。 **能力目标**：能在日常生活中履行坐、立、行、言等常礼。 **素质目标**：养成持敬守礼的行为习惯。	
课程思政		习近平总书记在中共中央政治局第十八次集体学习时强调，我国古代主张民惟邦本、政得其民，**礼法合治**、德主刑辅，为政之要莫先于得人、治国先治吏，为政以德、正己修身，居安思危、改易更化，等等。 　　本单元以社会主义核心价值观为指导，深入挖掘中国传统礼仪文化的精华，将礼仪文化的精髓放进现代文化的框架下，宣传推广**和谐、秩序的礼仪文化理念**，培养学生**知礼、学礼、明礼、守礼**意识，贯彻习近平总书记在中共中央政治局第十八次集体学习时的讲话精神。	
学情分析		**知识基础分析**：学生在"守礼"模块已学习传统"礼"的内涵与精神，对礼有了初步的了解；对常礼的认识主要来自家庭和学校日常行为规范的内容，缺乏对传统常礼背后社会伦理秩序的认知与理解。 **学生特点分析**：年龄上处于由未成年人向成人转化的关键时期，初步形成了个人的行为习惯，但可塑性强；对于成年人应当如何规范自身的言行，以及规范背后所负有的义务与责任缺乏思考；愿意尝试新事物，对直播、短视频制作和分享等具有强烈的兴趣。 **信息素养分析**：能熟练运用课程平台，具备一定的信息检索能力与短视频拍摄制作能力。	

教学内容	本单元选自全校公共基础课"国学精粹",课程总体目标是培养具有良好人文素养、职业道德以及健全人格的新型高职人才。本单元教学内容属于实践模块,遵循孔子"兴于诗、立于礼、成于乐"的修身进阶步骤,在已学习"守礼"理论模块内容及"诗词吟诵"实践模块内容的基础上,从儒家思想"不学礼,无以立"的高度,结合现实生活中的个人行为规范,让学生在传统与现代比较的过程中,体会常礼的修身内涵及精神实质,唤起责任意识,养成持敬守礼的行为习惯。 | 实践一:诗词吟诵	2学时 | |---|---| | 实践二:日常礼仪 | 2学时 | | 实践三:茶艺体验 | 2学时 | | 实践四:古琴艺术 | 2学时 | | 实践五:家乡文化 | 2学时 | | 实践六:项目实践 | 2学时 | | 实践二:日常礼仪 ||| |---|---|---| | 探究任务一: 体验常礼 | "坐、立、行、言"礼仪 | 课前识"常礼" | | | 古今常礼对照 | 课中说"常礼" | | 探究任务二: 演示常礼 | 角色扮演 | 课中习"常礼" | | | 案例解析 | 课中明"常礼" | | 探究任务三: 笃行常礼 | 课前任务修订 个人行为规范 清单 | 课后行"常礼" |
教学重难点	**教学重点**:学会常礼的修身方法,理解常礼背后的秩序观念。 **教学难点**:通过修习常礼,规范个人日常行为,体悟"礼以立人"的人格养成路径。
教材分析	本单元学习内容对应《国学精粹》绪论"国学与人生"第三部分"笃行"模块与《中华日常礼仪基础教程》"容礼"模块,前者阐明"明理+笃行"的国学学习方法,后者介绍传统日常礼仪"容礼"的具体内容,展示视容、听容、言容、动容的修身内涵,为学生准确理解并笃行容礼提供学习参考。
教学策略与方法	本课采用翻转课堂教学模式,运用国家职业教育专业教学资源库微知库"四书五经导读"发布课前导学任务与自主学习视频,学生通过视频学习及小组短视频制作完成课前"识常礼"环节。课中通过学生作业自我解析、古今常礼对比完成"说常礼"环节,再引入经典常礼规范、现场角色扮演,结合专家解说与教师点拨,完成"习常礼"与"明常礼"环节,最后完成修正个人行为清单。课后"笃行常礼",将传统日常礼仪融入个人日常行为。教师要引导学生准确把握传统礼仪背后的文化内涵与社会秩序观念,奠定立人根基;同时关注学生认知特点与情感需求,注重礼仪实践和体验,在实践中涵养学生身心。 **主要教学方法如下:** **任务驱动法**:课前,以任务为驱动引导学生拍摄日常礼仪短视频,体验传统常礼与现代礼仪承载文化底蕴的区别,唤起学习兴趣;通过国家职业教育专业教学资源库自主学习"传统礼仪"微课,完成知识学习任务,对常礼有初步的认识与体验。 **情境教学法**:教师创设传统礼仪情境,引导学生通过角色扮演习练常礼仪态,教师结合专家微课进行指导和点拨,引导学生体悟传统礼仪所承载的文化内涵与社会秩序关系,通过"做中学、做中教"的方式解决容礼文化内涵的教学重点,突破日常礼仪规范的教学难点。 **小组展示法**:学生以小组为单位对习练常礼的成果进行展示汇报,开展小组互评,确保每位学生考核到位。

教学环境	"传统＋现代"国学实训室
信息化教学资源	信息化教学资源：中国哲学书电子化计划、中共中央宣传部"学习强国"学习平台、汉字全息资源应用系统、国家职业教育专业教学资源库标准课程"四书五经导读"、智慧职教MOOC学院"国学精粹"、"国学精粹"网络课程平台（省级精品课程）

教学活动安排

教学环节	教师活动	具体内容	学生活动	设计意图及效果
课前任务 识"常礼" （课前一周）	发布课前导学任务。	【导学任务】 在国家职业教育专业教学资源库微知库发布"实训任务"与微课学习任务。 【任务要求】 学生登录"微知库"进行微课自主学习，选择"坐""立""行""言"任一主题完成日常礼仪短视频拍摄，为探究任务一积累素材。	登录微知库，学习"儒家教育实践·日常礼仪"微课，以小组为单位拍摄短视频。	采用**任务驱动法**，引导学生自主学习微课。运用学生喜欢的短视频形式，用实践体验唤起学生的学习兴趣。 传统日常礼仪微课

教学环节	教师活动	具体内容	学生活动	设计意图及效果
课前任务 识 "常礼" （课前一周）	批阅课前任务。	【批阅任务】 　　批阅课前短视频任务，分析学生微课学习的效果、知识盲点、实践误点，存在的普遍问题是知道"礼"但不明"礼"，会模仿"仪"但不明白"仪"的内涵。 　　批阅成绩计入单元成绩。	查看批语，整理小组短视频制作思路。	得分：89 评价：1.视频符合任务要求； 2.以"握手礼"展示现代见面礼仪，把握准确； 3."握手礼"的文化内涵背景没有得到充分呈现。 微知库课前任务批阅
第一学时					

教学环节	教师活动	具体内容	学生活动	设计意图及效果
课程前导 说 "常礼"	回顾课前任务，点评任务成果的盲点与误点。	【导入课题】 　　教师回顾课前任务与微课学习情况，点评批阅任务成果时发现的问题。 【分组汇报】 　　每组派1位代表用1分钟汇报短视频制作思路，包括日常礼仪的主题选择、协作过程、呈现内涵。 【教师点评】 　　从"礼以立人"的高度点评日常礼仪的重要性。	学生分组汇报课前任务成果的设计思路。	采用小组展示法，每组简要汇报课前任务短视频制作的过程与设计思路，从汇报中归纳学生微课学习的盲点与误点，为探究任务一做铺垫。 分组汇报课前任务思路
课堂探究一 辨 "常礼"	播放学生短视频案例。	【同伴分享】 　　从学生课前提交的短视频作业中选择1个有代表性的视频作为案例分享。	分享观看同伴课前任务成果。	原汁原味展示学生自主学习的成果，让学生了解同伴的学习进度，共同分享成果设计呈现、小组协作经验，自查知识盲点与误点。 学生课前任务视频分享

教学环节	教师活动	具体内容	学生活动	设计意图及效果
课堂探究一 辨 "常礼"	案例解析。	【案例解析】 　　从任务要求的理解、微课涉及的知识要点、任务呈现的成果解析"坐""立""行""言"在案例里的体现。	听取解析，记录案例解析的角度。	教师以1个学生完成的任务为案例，在已总体点评的基础上，解析本课主题"日常礼仪"需要关注的知识点、实践点与重难点。 解析课前任务案例要点
	分组巡视指导。	【小组讨论】 　　以本组课前任务视频为案例，讨论常礼中"坐""立""行""言"的行为要点与精神内涵，形成要点图示。	分组解析短视频中涉及的常礼要点。	采用罗伯特议事规则，保证组员讨论充分，在已归纳知识盲点与误点的基础上，提升对常礼要点的认识。同时锻炼学生的无领导小组讨论技巧与归纳观点的技巧。
	主持小组汇报。	【小组汇报】 　　每组派2名代表解析案例，只讲要点不展开解释。	汇报解析要点。	锻炼学生的语言组织能力，由每组学生拍摄汇报者言行举止，作为下一阶段分析的素材。 小组汇报解析结果
	点拨案例与解析。	【教师点拨】 　　从《论语》载孔子"恂恂如也""侃侃如也""訚訚如也""踧踖如也""与与如也"看孔子对"言容"的把握。	与教师互动问答。	通过对学生课前自主学习效果与案例的解析，教师从儒家人生智慧的角度点拨日常礼仪中的"坐""立""言""行"行为要求与精神内涵，**解决教学重点**。 教师点拨

教学环节	教师活动	具体内容	学生活动	设计意图及效果
课堂点拨 辨 "常礼"	播放专家讲解视频。	【播放视频】 《彭林说礼》片段：如何称呼？如何坐？如何听讲？	学生带着问题观看专家视频。休息时间准备下一阶段角色扮演的场景。	紧扣教师点拨内容，以《彭林说礼》深化学生对常礼要点的理解。 专家讲解视频
第二学时				
教学环节	教师活动	具体内容	学生活动	设计意图及效果
课堂探究二 习 "常礼"	结合专家点拨视频提问并融入思政元素进行点拨（4分钟）。	【古今对照】 从传统到现代，传统礼仪还有哪些内容是我们今天仍要做到的？ 【思政元素】 习近平总书记讲话精神。	（1）回答问题。 （2）齐读讲话。	通过对常礼精神内涵的阐释和专家视频的学习，掌握传统礼仪应用于日常生活的要求与效果。同时以习近平总书记的讲话精神引导学生从更高的角度看待礼仪对治国理政的重要性。
	播放范例视频。	【情景再现】 播放电视剧《知否知否应是绿肥红瘦》片段。	观看视频。	通过学生熟悉的影视剧中呈现的日常礼仪，为学生创设直观的日常礼仪情景。 《知否知否应是绿肥红瘦》片段
	创设场景，辅助学生分组扮演。	【角色扮演1】 传统日常礼仪的"坐、立、言、行"场景。 【角色扮演2】 学校生活中的"坐、立、言、行"场景。	学生在虚拟场景中进行分组角色扮演。	创设传统情境，引导学生穿越进入传统日常礼仪时空，并结合本组拍摄的课前任务，感悟古今日常礼仪的生活感、仪式感与美感，**解决教学难点**。 角色扮演：演示传统日常礼仪

教学环节	教师活动	具体内容	学生活动	设计意图及效果
课堂探究二 习"常礼"	教师主持小组互评。	【小组互评】 运用教师点拨与专家视频里的要求，点评其他小组的表现。	小组互评。	通过小组相互点评，进一步加深对"坐、立、言、行"日常礼仪的理解，纠正知识误点。 小组点评
	播放影视剧中的日常礼仪场景。	【播放视频】 播放《知否知否应是绿肥红瘦》中孔嬷嬷教习诸女、《琅琊榜》中梅长苏与霓凰郡主对谈片段。	观看视频。	播放《知否知否应是绿肥红瘦》《琅琊榜》等学生熟知的古装剧，进一步体会"立容德""坐容端""口（言）容戒"等日常礼仪的精神内涵与行为举止。 影视剧里的日常礼仪
总结升华 明"常礼"	提问总结。	【教师点拨】 以孔子"不学礼，无以立"及《礼记》"君子恭敬撙节，退让以明礼"总结日常礼仪的重要性、行为要点与精神实质。	学生回答提问。	学生分享，教师点拨，引导学生深刻理解冠礼"外修仪容、内修德行"的意义并指导学生运用于现代生活。
	平台测验。	【在线测验】 知识点测验，测验结果计入单元成绩。	现场登录微知库完成知识点测验。	通过知识点测验，扫除自主学习时的知识盲点，纠正知识误点。 微知库知识点测验

教学环节	教师活动	具体内容	学生活动	设计意图及效果
课后作业 行 "常礼"	发布下次课课前任务。	【修正课前任务】 　　将课堂探究任务二的成果修正为个人行为清单后上传至微知库。 【布置下周任务】 　　完成下节课课前导学任务。 　　教师批阅成绩计入课中成绩。	学生修正本组讨论结果，形成日常礼仪行为规范清单。	通过修正小组探究任务二的角色扮演成果，提交个人日常行为规范清单并遵照执行，在现实生活中落实常礼。强化学生责任意识和行为规范，实现知行合一。 学生接收课后任务
成绩评价				

单元成绩 =

10%　　　70%　　　20%
课前任务　+　课中成绩　+　课后任务

教师批阅　　小组互评（60%）　　知识点测验
　　　　　　教师评价（40%）　　教师批阅

课中成绩 = 小组互评 + 教师评价
　　　　　　60%　　　　40%

　　课前评价（10%）：教师批阅学生提交的短视频，计入单元成绩，重点考查学生自主学习"日常礼仪"微课的认知、理解及转化为实践的掌握情况。
　　课中评价（70%）：根据学生小组实践进行小组点评与教师评价，考查学生对课前未掌握的知识盲点及误点的修正情况，主要聚焦教学难点的掌握情况。
　　课后评价（20%）：根据学生知识点小测验进行客观评价，考查学生对教学重点的巩固情况与实践运用能力。
　　＊单元教学评价结果作为"国学精粹"课程平时成绩评定依据。

	课后反思
教学预期效果	通过翻转课堂与课内实践，达到了以下效果： （1）学生通过微课学习与短视频拍摄，基本掌握翻转课堂的自主学习要求。 （2）学生能简述传统日常礼仪"坐""立""言""行"的行为要点，初步理解行为要点背后"君子人格"养成的精神实质。 （3）学生能完整演示"坐""立""言""行"的行为举止。 （4）学生基本认同持敬守礼的日常行为准则。
不足之处	学生在翻转课堂的自主学习环节自我把握不够，存在敷衍与"搭便车"现象；课内所学尚未真正转化为自身修身实践。
改进措施	教师运用启发式教学、传统身教等方式，将日常礼仪内化为每堂课的修身要求，养成持敬守礼的生活及与人交往的习惯，引导学生在现代生活中遵行君子人格的养成路径，提高学生学以致用的能力。

附：探究任务小组互评参照标准

评分项	A（21~25分）	B（16~20分）	C（11~15分）	得分
主题契合度（25分）	主题理解准确；作品与主题契合完美	主题理解基本准确；作品与主题基本契合	主题理解有偏差；作品与主题不契合	
节目编排（25分）	节目形式新颖；创意思维得到体现	节目形式新颖；内容策划恰当	节目形式一般；内容策划一般	
团队配合度（25分）	配合默契；分工科学；各司其职	配合一般；分工一般	配合一般；没有分工	
整体表现力（25分）	表演生动；声音洪亮；造型准确	表演生动；声音一般；造型一般	表演一般；声音一般；造型一般	
最终得分				

说明：此表用于课中成绩的小组互评。

模块三 茶艺体验

授课信息			
所属课程	国学精粹	课程性质	公共基础必修课
所属模块	实践模块	授课对象	所有专业
授课地点	茶艺实训室（有多媒体设备、茶桌椅、茶具、茶叶）	授课学时	2学时
授课形式	体验式教学、情境教学		
教学目标	**知识目标**：了解茶的起源和演变，认识不同茶类和各种茶具，学习行茶技法及礼仪。 **能力目标**：能识别不同茶类，熟悉茶具用法，能熟练掌握不同茶类的行茶技法及礼仪。 **素质目标**：修养身心，增强对中华优秀传统生活技艺的审美感知和情感体认。		
课程思政	2017年1月，中宣部就《关于实施中华优秀传统文化传承发展工程的意见》答记者问时提出，积极宣传推介戏曲、民乐、书法、国画等，通过这些有力措施，让中华优秀传统文化内涵更多地融入生产生活各方面，**转化为不可或缺的日常组成部分**，形成人人传承发展中华优秀传统文化的生动局面，在全社会形成参与守护、传播和弘扬优秀传统文化的良好环境。 本模块以社会主义核心价值观为指导，传承中华优秀传统文化中的**茶文化**，增强学生对茶文化的审美感知和情感体认，培养学生通过**传统生活技艺**传承发展中华优秀传统文化的自觉意识，贯彻《关于实施中华优秀传统文化传承发展工程的意见》。		
学情分析	**知识基础分析**：在日常生活中对茶有一定的感性认识和体验，但不系统、不深入，缺乏理性认识，对茶艺更是比较陌生。 **学生特点分析**：在他们的年龄段对茶未形成爱好，处于不拒不好的状态，更喜欢奶茶之类的茶衍生饮品，但不久将进入社会的他们会开始较多地接触茶，接受这一社会交往的媒介。茶艺更可引发他们的兴趣，扩展他们对茶文化的了解。学生爱交往，注意自身的社会化，愿意尝试新事物，对传统文化中与生活密切相关的带实用性的部分更有兴趣，故茶艺相对较易引起他们的兴趣。 **信息素养分析**：会使用课程提供的几种学习平台，具备基本的信息检索能力。		

教学内容	本模块选取茶艺实操作为教学内容，是课程的实践模块。课程从传统茶艺的实践角度，让学生认识不同茶类，熟悉各种茶具，了解茶的起源和演变、中国茶文化、茶艺诸要素及其统一关系等，并学习行茶技法及礼仪，提升修养，茶以雅志，通过实操体验增强对中华茶文化的认知和对中华优秀传统文化的整体认同。				
	实践一：诗词吟诵	2学时	实践三：茶艺体验		
	实践二：日常礼仪	2学时	探究任务一：学生自主探究	学生课前识茶艺	
	实践三：茶艺体验	2学时		课中说茶艺	
	实践四：古琴艺术	2学时	探究任务二：课堂茶艺学习体验	教师讲六大茶类和各种茶具	
	实践五：家乡文化	2学时		教师演示茶艺、茶礼	
				学生习操茶艺、茶礼	
	实践六：项目实践	2学时	探究任务三：课后茶艺体验	课后行茶艺	

教学重难点

教学重点：了解和区分六大茶类，掌握行茶技法及礼仪。
教学难点：通过练习掌握行茶技法及礼仪，体验以茶清心，以"艺"养"德"。

教材分析

本模块选用（"十二五"职业教育国家规划教材）《国学精粹》（第二版），并参考《茶艺理论与实践》。上述两本教材均由中国人民大学出版社出版。

本模块学习内容对应《国学精粹》（第二版）绪论"国学与人生"第三部分"笃行"模块与《茶艺理论与实践》"茶艺及茶叶冲泡的技巧"模块。前者阐明"明理＋笃行"的国学学习方法，后者介绍茶艺知识，为学生学习茶艺基础知识、行茶技法及礼仪提供参考。

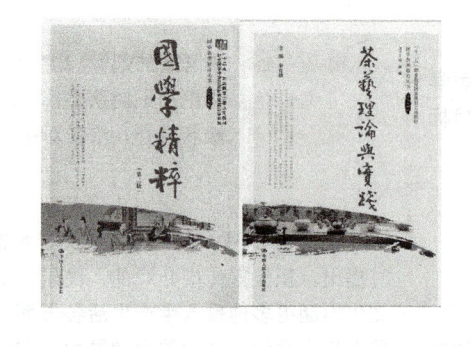

教学策略

本模块根据知行合一论、生活教育论与知情意行协调发展德育论，依据以学生为中心、"教""学""做"一体化的高职教育理念，采用线上、线下混合式教学模式，运用任务驱动法与自主探究法，结合情境教学法与角色扮演法开展教学。设计课前"识"、课中"说、解、习、感"、课后"用"六个教学环节，唤起学生学习兴趣，引导学生准确掌握茶艺基础知识，同时关注学生认知特点与情感需求，注重茶艺实践和体验。主要教学方法如下：

结合任务驱动法（教法）与自主探究法（学法）：课前以任务为驱动，引导学生通过国家职业教育专业教学资源库，自主学习"茶文化"微课。

运用信息化教学：充分利用网络资源、多媒体，使学生对茶的起源和演变、不同茶类、行茶用具、行茶技法及礼仪有直观的认识，提升教学效率，拓展学生学习的广度与深度。

结合情境教学法（教法）与角色扮演法（学法）：利用国学实训室创设传统茶馆情境，教师通过现场示范，引导学生进入情境，通过角色扮演练习行茶技法及礼仪，以"做中学、做中教"的方式解决教学重难点。

教学环境	"传统＋现代"国学实训室
信息化教学资源	信息化教学资源： • 中国哲学书电子化计划 • 中共中央宣传部"学习强国"学习平台 • 国家职业教育专业教学资源库标准课程"四书五经导读" • "国学精粹"网络课程平台（省级精品课程） • 智慧职教MOOC学院"国学精粹" • 汉字全息资源应用系统

教学活动安排

教学环节	教师活动	具体内容	学生活动	设计意图及效果
课前准备 识"茶"（课前一周）	发布学习"中国茶文化"内容的任务。根据学生完成任务情况进行教师评价。	学生在微知库"四书五经导读"课中观看"中国茶文化"部分六大茶类及相应茶艺部分的教学视频，对六大茶类、茶艺、茶礼有初步了解。 教师查看微知库中学生的学习记录，并就其所回答的思考题进行评价。	学生自主探究茶艺资源，学习"茶文化"微课。	教师运用微知库发布任务，学生通过网络**微课**学习，对茶艺有初步的了解，为线下课堂学习和实操预热，在这个环节有疑问可在课堂进一步学习时解决。 中华茶文化微课

第一学时				
教学环节	教师活动	具体内容	学生活动	设计意图及效果
课程前导 说"茶"	回顾课前任务，引导学生思考国学与茶的关系，引入课程主题。	【导入课题】 　　教师回顾课前微课学习情况，引入课程主题。 【分组汇报】 　　每组派1位代表汇报自主学习的收获。	学生分享课前学习茶文化的感受，并回答思考题。	采用**自主探究法**，巩固课前自主学习内容，分享各自相关思考，提出疑问，达到预热目的。 **学生汇报课前探究情况**
课堂探究 解"茶"	教师讲茶、茶具和茶艺。（静态介绍）	【教师点拨】 　　教师结合课件和现场实物，简明地讲述茶、茶具、茶艺及中国茶文化精神，引导学生认识六大茶类和不同器形、材质、功能的茶具。	学生观看与六大茶类、行茶用具、行茶技法相关的图片、视频、实物，看、摸、嗅。	采用信息化教学，既有视频讲解，也有教师现场演示，讲解茶艺的物质部分、技艺部分和文化部分。茶叶和茶具是其中基础的物质部分，认识茶叶和茶具是学习茶艺的基础。 **教师现场展示** **"行茶用具"图片展示**

教学环节	教师活动	具体内容	学生活动	设计意图及效果
课堂实践 习"茶"	分解说明茶艺操作流程。 （动态介绍）	【教师点拨】 　　演示茶艺，引导学生熟悉各式茶具，了解行茶技法、流程及行茶礼仪，讲解操作要点，融合茶礼和茶精神内涵。	学生观看教师茶艺演示，并回答问题。	采用**示范教学法**，使学生直观具体地了解行茶细节和内涵，并可通过问答释疑，使学生掌握行茶技法及礼仪，落实**教学重点**。 **教师现场示范**

第二学时					

教学环节	教师活动	具体内容	学生活动	设计意图及效果
课堂实践 赛茶艺	指导学生分组，按茶艺要求沏茶。	【任务探究】 　　指导学生分组进行茶艺和茶礼操习，完成一个完整的茶艺流程，互相学习促进，感受一般茶饮与茶艺的异同。	分组习练行茶技法及行茶礼仪，并交换品饮所泡茶汤，互相评价。	采用**任务驱动法**，充分调动学生的参与感，认真体验茶艺，并在此过程中互相学习、互相点评、互相促进，解决**教学难点**。 **学生分组习茶**
	教师对学生分组演绎情况进行现场评价。	【教师点拨】 　　教师对学生的表现从是否做到流程正确、动作流畅、茶汤味佳、仪态端庄、茶礼得宜几个方面进行点评。	各组互学互评。	

教学环节	教师活动	具体内容	学生活动	设计意图及效果
总结升华 悟茶艺	教师对课程进行总结。	总结茶艺要点、茶与茶艺的关系、茶礼的意义、茶文化精神的内涵等。	学生分享实践感悟。	学生分享，教师点拨，使学生对传统茶艺的审美趣味和文化内涵有所感受，并通过语言分享得以交流和提高。 学生分享实践要点
课后作业 用茶艺	教师线上发布课后实践任务。 对学生作业进行教师评价。	学生课后自行温习茶艺操作，并给亲人、同学、朋友或其他人士奉一杯自己冲泡的热茶，以表达善意和温情，同时拍照上传线上教学平台作为课后作业。	学生完成"为×××奉上一杯茶"任务。	通过课程平台发布"为×××奉上一杯茶"任务，使学生巩固所学茶艺知识和技能，使茶艺进入学生生活，转化为日常实践行为。学生将相应照片上传至微知库。 学生为教师奉茶

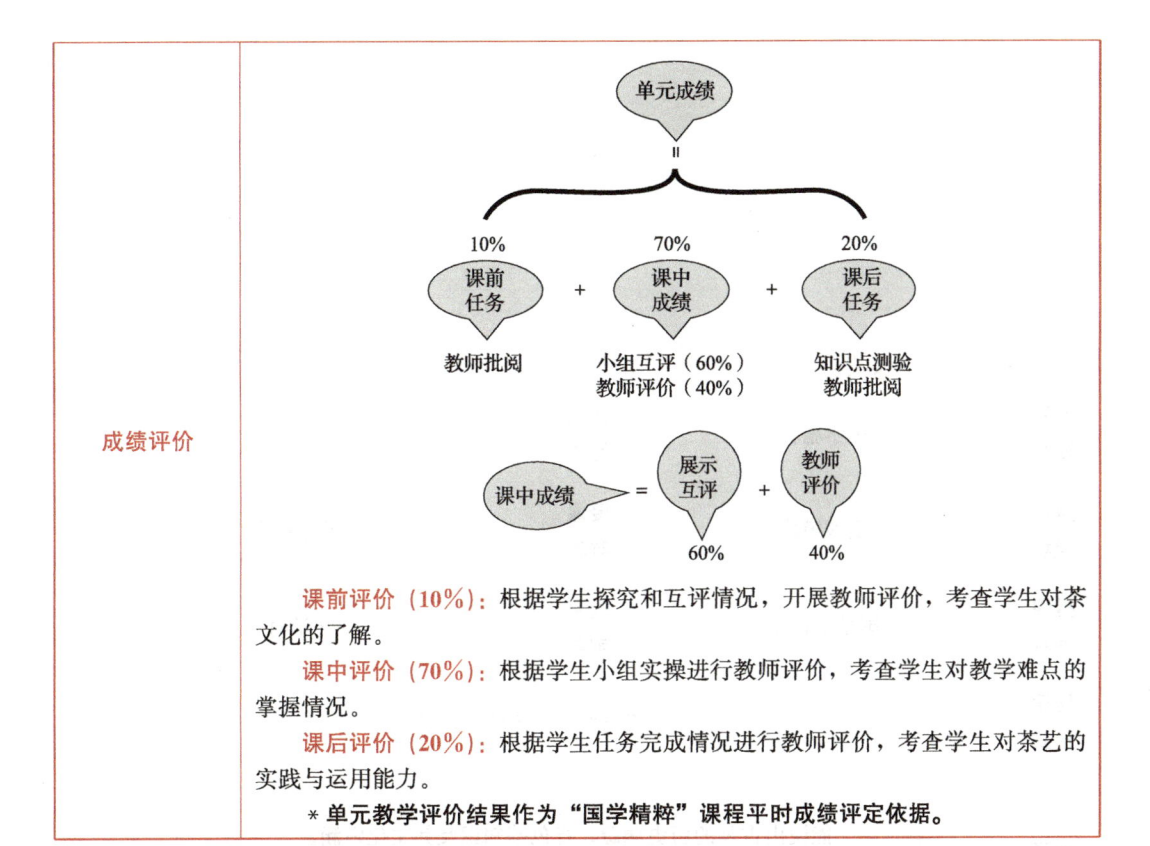

成绩评价	单元成绩 = 10% 课前任务（教师批阅）+ 70% 课中成绩（小组互评60%、教师评价40%）+ 20% 课后任务（知识点测验、教师批阅） 课中成绩 = 展示互评（60%）+ 教师评价（40%） **课前评价（10%）**：根据学生探究和互评情况，开展教师评价，考查学生对茶文化的了解。 **课中评价（70%）**：根据学生小组实操进行教师评价，考查学生对教学难点的掌握情况。 **课后评价（20%）**：根据学生任务完成情况进行教师评价，考查学生对茶艺的实践与运用能力。 ＊单元教学评价结果作为"国学精粹"课程平时成绩评定依据。

课后反思	
教学预期效果	通过课程教学与实践，达到以下效果： （1）学生认识六大茶类，熟悉各种茶具。 （2）学生能掌握茶艺的一般行茶技法和相应礼仪。 （3）学生体会茶艺与生活、茶艺与修身的关系。
不足之处	学生对茶艺作为一种有效修身方式的体悟不够深入，难以结合自身实际将所学茶艺转化为自身修身实践。
改进措施	教师运用启发式教学、情景教学等教学法，引导学生通过自主探究、情景体验等，结合生活实际体会传统茶艺的修身价值。

模块四 古琴艺术

授课信息			
所属课程	国学精粹	课程性质	公共基础必修课
所属模块	实践模块	授课对象	所有专业
授课地点	国学实训室	授课学时	2学时
授课形式	情境教学、体验式教学		
教学目标	**知识目标**：能说出古琴的历史渊源、音色等知识及其文化内涵。 **能力目标**：能运用传统古琴欣赏方法对古琴曲目进行赏析。 **素质目标**：增强非遗文化认同，提高艺术审美品位，培养高雅音乐艺术追求。		
课程思政	习近平总书记在2015年在文艺工作座谈会上的讲话中指出："吸引、引导、启迪人们必须有好的作品，推动中华文化走出去也必须有好的作品。所以，我们必须把创作生产优秀作品作为文艺工作的中心环节，努力创作生产更多传播当代中国价值观念、**体现中华文化精神、反映中国人审美追求，思想性、艺术性、观赏性有机统一的优秀作品**，形成'龙文百斛鼎，笔力可独扛'之势。" 本模块通过学习**联合国非物质文化遗产项目"古琴艺术"**的基本知识、基础技法与欣赏方法，让学生接触和了解最能表现我国传统音乐审美追求的古琴艺术，培养学生高雅的音乐艺术兴趣追求，贯彻落实习近平总书记的讲话精神。		
学情分析	**知识基础分析**：学生在中小学时对音乐已有了初步的学习和了解，但绝大多数同学对传统国乐特别是具有几千年历史的古琴的基本知识、指法与欣赏方法缺乏认识。 **学生特点分析**：学生在音乐取向上受时代影响，多喜欢听旋律欢快的流行音乐，难以体会古琴"清、微、淡、远"的艺术特点；在行为特点上乐于实践，愿意接受新事物，对弹奏和体验国乐类乐器有较大兴趣。 **信息素养分析**：能熟练使用课程平台；具备基本资料查找与信息检索能力。		

教学内容	本单元选自全校公共基础课"国学精粹"课程实践模块,选取世界非物质文化遗产项目"古琴艺术"体验作为实践教学内容,主要引导学生学习古琴的历史渊源、音色等基本知识,了解传统非遗与 AR 技术相结合的古琴 AR 资源,现场体验古琴的音色特点与弹奏技法,通过"孔子学琴"故事学习赏析琴曲之法,并赏析以周文王为背景的儒家思想题材曲目《文王操》,以及以陶渊明为背景的道家思想题材曲目《归去来辞》,体会"辨音—识意—入境"的古琴赏析方法,借此体会"以琴正心"的修身思想,从而引导学生树立高雅艺术的兴趣追求,提高学生的审美品位。 | 实践一:诗词吟诵	2学时 | |---|---| | 实践二:日常礼仪 | 2学时 | | 实践三:茶艺体验 | 2学时 | | 实践四:古琴艺术 | 2学时 | | 实践五:家乡文化 | 2学时 | | 实践六:项目实践 | 2学时 | | 实践四:古琴艺术		| |---|---|---| | 探究任务一 聆听古琴 | 聆听琴曲并分享感受 | 课前听"琴" | | 探究任务二 探究汇报 | 汇报伏羲作琴等故事 | 课中识"琴" | | 探究任务三 讲解演示 | 讲解展示古琴三种音色 | 课中习"琴" | | 探究任务四 故事表演 | 表演"孔子学琴"故事 | 课中学"琴" |
教学重难点	**教学重点**:理解古琴的历史渊源、音色等知识及其蕴含的文化内涵。 **教学难点**:掌握"辨音—识意—入境"的琴曲赏析方法。
教材分析	本模块选用"十二五"职业教育国家规划教材《国学精粹》(第二版),参考使用教材《古琴艺术理论与实践》(中国人民大学出版社出版)。本模块学习内容对应《国学精粹》(第二版)第一编"儒家人生智慧"的"明德"章节,与《古琴艺术理论与实践》第一编第一章"认识古琴"、第三章"琴学思想"以及第三篇第二章"古琴指法练习"等章节。教材以图文并茂的方式详细介绍了古琴的起源、艺术特点、审美文化等理论知识,并辅以国家级非遗大师 AR 教学视频,对学生了解古琴常识和体验古琴音乐艺术提供了明晰的门径和指引。
教学策略与方法	本模块对儒家乐教思想进行符合高职学生特点的现代转化,以学生为中心,运用任务驱动法、示范教学法等教法,自主探究法、体验式教学法等学法,设计课前识"琴",课中说"琴"、解"琴"、习"琴"、品"琴"、悟"琴",课后赏"琴"的教学环节,开展体验式的古琴艺术教学。 **课前**:识"琴"环节教师运用**任务驱动法**,依托课程平台发布课前任务,学生通过自主探究法,聆听一首琴曲和分享感受,并以小组为单位分主题完成古琴探究任务,让学生通过生动活泼的方式初步认识古琴,唤起学生的学习兴趣。

教学策略与方法	**课中第一学时**：说"琴"环节由学生分享听琴感受，教师进行点评并引入课程主题。**解"琴"**环节运用**情境教学法**，由学生汇报"伏羲作琴""神农造琴"等故事，通过生动的故事介绍古琴的历史渊源；**习"琴"**环节运用体验式教学法，由学生汇报古琴音色特点，体验"传统非遗＋信息技术"的 AR 资源，学习和体验古琴基本技法与入门曲目，在习琴过程中体会古琴的音色及其文化内涵，**解决教学重点**。 　　**课中第二学时**：品"琴"环节运用**情境教学法**与**示范教学法**，由学生表演《史记》中的"孔子学琴"故事，教师讲解"习曲—习数—得志—得人"的琴学思想，并展示和讲解儒家思想题材琴曲《文琴操》以及道家思想题材曲目《归去来辞》；悟"琴"环节教师点拨**"辨音—识意—入境"**的古琴赏析方法，引导学生体会"琴以正心"的修身思想，**解决教学难点**。 　　**课后**：赏"琴"环节发布琴曲赏析任务，引导学生借助网络资源赏析一首古琴曲，并拍摄小视频上传至课程平台，巩固教学效果。
教学环境	"传统＋现代"国学实训室
信息化教学资源	信息化教学资源： ▶ "国学精粹"网络课程平台（省级精品课程） ▶ 国家职业教育专业教学资源库标准课程"四书五经导读" ▶ 中共中央宣传部"学习强国"学习平台 ▶ AR创意园

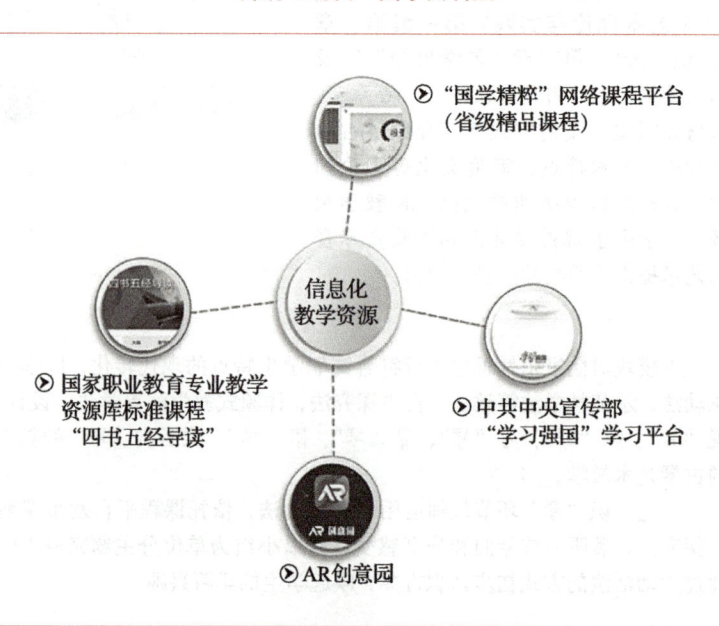

教学活动安排

教学环节	教师活动	具体内容	学生活动	设计意图及效果
课前任务 识"琴" （课前一周）	发布课前导学任务。	【导学任务】 在国家职业教育专业教学资源库微知库发布识"琴"任务。 【任务要求】 学生聆听一首古琴曲并录制小视频分享感受；小组分主题探究古琴的发明者、古琴的音色、孔子学琴故事。	个人：录制听琴感受并提交到微知库。 小组：按主题查找资料，确定汇报形式与内容。	采用**任务驱动法**，引导学生自主探究，并运用学生喜欢的短视频形式完成探究任务，让学生初步认识古琴，唤起学习兴趣。 **发布课前识"琴"任务** **学生作业情况**
	批阅学生探究成果。	对学生听琴感受进行分析：学生普遍不了解古琴，不懂得琴曲的赏析方法，听不懂琴曲表达的思想内涵。	查看批语，完善小组汇报内容。	分析学情，针对学情进行备课。 **微知库实训任务批阅截图**

第一学时					
教学环节	教师活动	具体内容	学生活动	设计意图及效果
课程前导 说"琴"	回顾和点评课前任务。	【导入课题】 　　教师回顾和点评课前任务情况。 【教师点评】 　　从非遗文化传承的角度进行总结。	由互评得分最高的学生分享听琴感受。	在学生分享心得的基础上进一步归纳学生听琴感受的不足之处，为引入课程主题做铺垫。 学生汇报课前听琴感受
课堂探究一 解"琴"	引导学生汇报探究成果。	【小组汇报】 　　由第一组学生汇报"古琴的发明者"探究成果内容。	第一组学生汇报课前探究成果。	通过学生汇报与教师点拨，展现古琴艺术的悠久历史及其在传统文化中的独特地位。 学生汇报探究任务
	教师进行理论点拨。	【教师点拨】 　　教师借助"伏羲作琴""神农造琴"故事情境，讲解古琴的历史渊源及当代价值。	记录古琴故事，体会古琴的文化价值。	教师进行讲解

教学环节	教师活动	具体内容	学生活动	设计意图及效果
课堂探究二 习"琴"	点评学生探究情况。	教师点评学生古琴音色探究成果，并补充讲解古琴音色表现的文化内涵。	汇报和展示古琴音色。	在解"琴"、习"琴"环节，运用小组汇报、AR探究、实践体验等方法，引导学生理解古琴的历史渊源、音色等知识及其蕴含的文化内涵，**解决教学重点**。 学生汇报古琴音色探究成果
	展示古琴AR资源，讲解基本指法。	引导学生体验"传统非遗＋信息技术"的AR资源。	体验AR教学资源。	学生体验AR学习资源
	指导学生练习指法。	学生练习基本指法，教师进行现场指导。	体验古琴基本指法。	教师示范古琴基本指法
	讲解并示范入门曲目。	学习古琴入门曲目《沧海一声笑》，感受琴曲的艺术内涵。	根据琴谱弹奏《沧海一声笑》。	学生体验古琴技法

第二学时					
教学环节	教师活动	具体内容	学生活动	设计意图及效果
课堂体验 品"琴"	讲解故事内涵。	【角色扮演】 　　借助"孔子学琴"故事体会"习曲—习数—得志—得人"的古琴学习过程及其蕴含的琴学思想。	表演"孔子学琴"故事。	通过学生主题故事表演，生动展示品琴的方法。 学生表演"孔子学琴"故事
	引导学生欣赏《文王操》。	展示和欣赏琴曲： 教师结合"孔子学琴"故事，展示和欣赏孔子所学琴曲《文王操》。	欣赏琴曲《文王操》。	引导学生在赏析《文王操》的过程中体会儒家古代圣贤的精神追求以及"琴以正心"的乐教思想。 学生现场欣赏《文王操》 教师讲解《文王操》
	引导学生欣赏《归去来辞》。	【欣赏琴曲】 　　教师结合陶渊明《归去来兮辞》，展示和讲解道家主题的琴曲《归去来辞》。	欣赏琴曲《归去来辞》。	引导学生在赏析《归去来辞》的过程中体会道家归根自然的精神追求与思想内涵。 学生现场欣赏《归去来辞》 教师讲解《归去来辞》

教学环节	教师活动	具体内容	学生活动	设计意图及效果
总结升华 悟"琴"	教师总结古琴赏析方法。	【教师点拨】 教师结合古琴名曲赏析，讲解古琴"辨音—识意—入境"的赏析方法，引导学生体悟古琴艺术蕴含的修身思想。	记录琴曲赏析方法。	在品"琴"、悟"琴"环节，运用情境教学、示范教学等方法，引导学生在现场琴曲赏析与讲解中掌握"辨音—识意—入境"的琴曲赏析方法，**解决教学重点**。 **教师总结琴曲赏析方法**
课后作业 赏"琴"	发布课后实践任务和下次主题课前任务。	【琴曲欣赏】 引导学生借助微知库名家古琴音乐会资源赏析一首古琴曲，并拍摄小视频上传至微知库，教师进行批阅。	赏析古琴曲并拍摄小视频。	通过课后赏琴实训任务，引导学生巩固琴曲赏析方法。 **发布课后赏"琴"任务**
成绩评价		单元成绩 = 10% 课前任务（教师批阅）+ 70% 课中成绩（小组互评60%，教师评价40%）+ 20% 课后任务（知识点测验，教师批阅） 课中成绩 = 小组互评60% + 教师评价40% **课前评价（10%）**：识"琴"环节根据学生个人探究情况进行教师评价，重点考查学生课前探究情况。 **课中评价（70%）**：课中根据解"琴"、习"琴"、品"琴"环节的学生汇报情况进行小组互评和教师评价，考查学生对教学重难点的掌握情况。 **课后评价（20%）**：赏"琴"环节根据学生琴曲赏析情况进行教师评价，考查学生对琴曲赏析方法的实际运用能力。 ＊单元教学评价结果作为"国学精粹"课程平时成绩评定依据。		

	课后反思
教学预期效果	通过任务探究与实践体验，达到了以下教学效果： （1）学生能复述古琴的历史渊源、音色特点等知识及文化内涵。 （2）学生能弹奏古琴基本指法和入门曲目。 （3）学生能初步运用古琴欣赏方法品鉴琴曲。 （4）学生通过古琴艺术体验，唤起对高雅音乐艺术的兴趣。
不足之处	学生音乐基础薄弱，此前基本上没有接触古琴音乐，难以对古琴艺术产生兴趣，较难领会古琴"清、微、淡、远"的音乐特点。
改进措施	增加体验教学内容，在教学过程中运用启发式教学法，加深学生对琴曲赏析方法的理解与运用，体会琴曲的思想内涵。

模块五 家乡文化

授课信息			
所属课程	国学精粹	课程性质	公共基础必修课
所属模块	实践模块	授课对象	所有专业
授课地点	国学实训室	授课学时	2学时
授课形式	翻转课堂、情景式教学		
教学目标	**知识目标**：能准确说出家乡1处承载传统文化内涵的景点、非遗、老物件或历史人物，准确阐释其历史文化内涵。 **能力目标**：通过实地走访与体验，能总结家乡文化的关键词与现代传承形态。 **素质目标**：记住乡愁，传承先辈精神与文化传统。		
课程思政	习近平总书记2018年10月25日考察广州永庆坊时指出：**城市文明传承和根脉延续十分重要，传统和现代要融合发展，让城市留下记忆，让人们记住乡愁。** 　　本模块通过课堂教学搭建一个介绍不同地域家乡文化体验成果的平台，使学生在实地探访体验后相互交流的过程中，发现家乡传统文化的独特与可贵之处，树立热爱家乡的自豪感与认同感，贯彻习近平总书记关于城市文明与留住乡愁的重要指示精神。		
学情分析	**知识基础分析**：学生熟悉家乡，了解家乡的基本历史，但未深入掌握家乡传统技艺、历史遗迹的文化内涵；对家乡有初步自豪感，但尚未建立对家乡文化自觉的认同与传承意识。 **学生特点分析**：关注家乡变化，但未深挖家乡历史；熟悉家乡官网介绍里的特色归纳，但未完全融入生活；愿意尝试新事物，对直播、短视频制作与分享等具有强烈的兴趣。 **信息素养分析**：能熟练运用课程平台，具备一定的信息检索能力与短视频拍摄制作能力。		
教学内容	本单元选自全校公共基础课"国学精粹"，课程总体目标是培养具有良好人文素养、职业道德以及健全人格的新型高职人才。本单元教学内容属于实践模块，在已开展儒家诗词礼乐实践的基础上，带着传承身边文化的眼光，去寻找、挖掘家乡的文化特色与风格，结合现实生活中的家乡认同，引导学生在传统文化现代传承的过程中，领会我们从哪里来，明白我们将要向哪里去，唤起学生的自觉传承意识，将爱护家乡、传承文化、记住乡愁融入个人日常行为中。		

教学内容	实践一：诗词吟诵	2学时	实践五：家乡文化	
	实践二：日常礼仪	2学时	探究任务一：家乡巡礼	走访家乡文化遗产	课前体验"家乡"
	实践三：茶艺体验	2学时		模拟直播：我为家乡带货	课中介绍"家乡"
	实践四：古琴艺术	2学时	探究任务二：文化挖掘	文化挖掘的角度与路径	课中挖掘"文化"
	实践五：家乡文化	2学时		家乡文化现代传承的自我理解	课中辨明"家乡"
	实践六：项目实践	2学时	探究任务三：我为家乡代言	我为家乡代言	课后代言"家乡"

教学重难点

教学重点：学会挖掘家乡传统技艺及历史文化遗产的特色与亮点，理解家乡文化承载的乡愁内涵。

教学难点：通过归纳总结家乡的文化气质与代表物件（或人物、事件），掌握家乡文化的多元性与独特性。

教学策略与方法

本课采用翻转课堂教学模式，运用国家职业教育专业教学资源库微知库"四书五经导读"发布课前导学任务，学生制作PPT，上传"家乡文化巡礼"任务完成成果。通过"课前体验—课中汇报、交流、点评—课后升华"的教学环节，以学生为中心开展家乡文化体验的自主探究。课前，依托课程平台发布"寻访体验1处家乡文化代表事物"的任务，引导学生利用假期回乡自主寻访体验1处家乡文化的代表景点、物件或历史人物资料。课中，设计"成果展示汇报、小组互评、教师点评"等环节，引导学生在交流汇报中提升体验感悟，提升对家乡文化的认同感与自豪感。通过"做中学、做中教"的方式，将探究任务的沉浸感与交互性带入学习中，有效突破教学重难点。课后，推送"我为家乡代言"任务，通过学生修改完善课前"家乡文化巡礼"作业，完成1处文化体验的代言推介，学会从他者的眼光反观家乡文化代表事物，增进对家乡文化独特性的深刻理解，巩固教学效果。

主要教学方法如下：

任务驱动法：课前，以任务为驱动引导学生实地体验家乡文化，并制作成PPT准备汇报，唤起学习兴趣；通过学生熟悉的模拟直播方式，推动学生挖掘家乡文化的亮点与特色。

情境教学法：学生通过PPT整合多种手段，创设家乡文化情境，教师创设网络直播虚拟情境，引导学生通过直播带货方式，推介家乡文化的亮点与特色。引导学生体悟从小熟悉的家乡传统遗产中的文化元素，学会现代传承方式，通过"做中学、做中教"的方式解决家乡文化内涵挖掘的教学重点，突破认同与传承家乡文化的教学难点。

汇报展示法：学生制作PPT进行展示汇报，开展同伴互评，确保对每位学生考核到位。

教学环境

"传统+现代"国学实训室

信息化教学资源

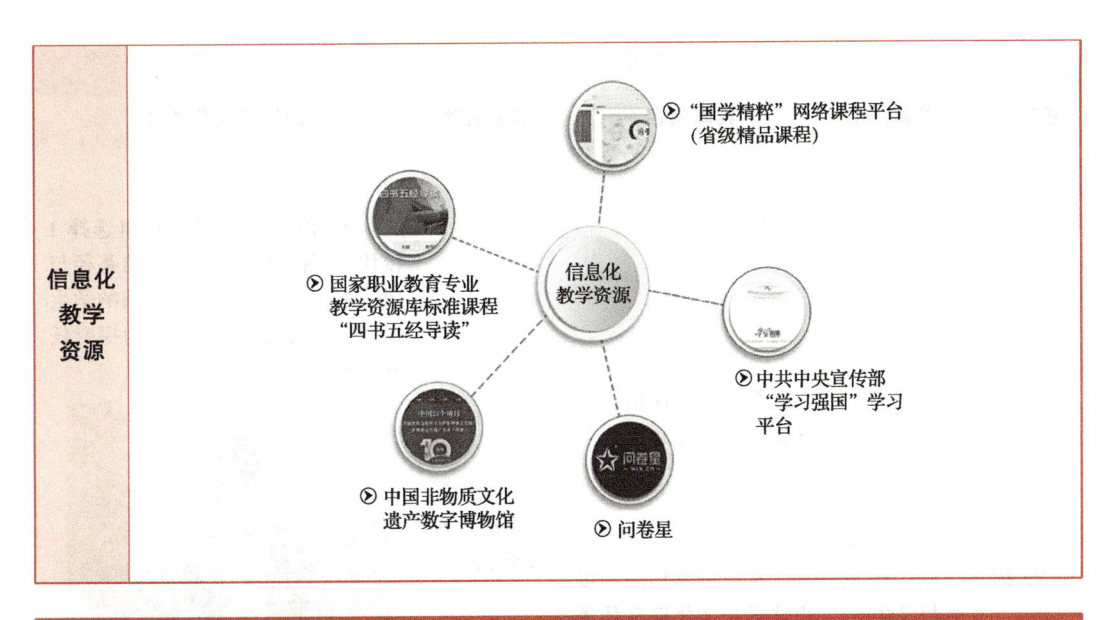

- "国学精粹"网络课程平台（省级精品课程）
- 国家职业教育专业教学资源库标准课程"四书五经导读"
- 中国非物质文化遗产数字博物馆
- 问卷星
- 中共中央宣传部"学习强国"学习平台

教学活动安排

教学环节	教师活动	具体内容	学生活动	设计意图及效果
课前体验 识 "家乡" （课前一周）	发布课前导学任务。	【导学任务】 利用假期，实地"探访1处家乡文化景点/非遗/老物件/历史人物"的学习任务。 【任务要求】 学生登录微知库，将实地探访成果制作成PPT，为探究任务一积累汇报素材。	登录微知库，完成"实训任务"的提交，并将家乡文化巡礼体验成果发布于本人朋友圈，收集点赞数。	采用**任务驱动法**，引导学生自主探究；运用PPT整合文字、图片与视频素材的形式，用实践体验唤起学习兴趣。 **学生PPT提交及朋友圈动态**
	批阅学生PPT。	批阅学生PPT，分析学生自主探究学习的效果、探究路径与实践误点，存在的普遍问题是将家乡文化巡礼做成了"家乡旅游推介"，文化元素挖掘不够；批阅成绩计入单元成绩。	查看批语，准备课堂汇报。	**微知库课前任务批阅**

第一学时				
教学环节	教师活动	具体内容	学生活动	设计意图及效果
课程前导 说 "家乡"	回顾课前任务，点评任务探究的路径、亮点与误点。	【导入课题】 　　教师回顾课前任务完成情况，点评亮点与误点。 【教师点评】 　　从记住乡愁的高度点评家乡文化巡礼任务的主题选择、探究路径、家乡文化内涵。	学生汇报课前任务成果PPT。	采用汇报展示法，每组选择1位代表汇报家乡文化巡礼的路径与PPT制作思路，从汇报中归纳学生探究学习的亮点与误点，为探究任务一做铺垫。 学生汇报课前任务
课堂探究一 辨 "文化"	模拟直播。	【模拟直播】 　　从学生课前提交的PPT作业中选择物质文化遗产和非物质文化遗产进行模拟直播分享。	分享观看同伴的模拟直播。	原汁原味展示学生实地探究的成果，让学生了解同伴的学习进度，采用学生喜闻乐见的模拟直播间形式，分类分享探究的路径，自查个人PPT的亮点与误点。 学生模拟直播

教学环节	教师活动	具体内容	学生活动	设计意图及效果
课堂探究一 辨"文化"	分组讨论。	【小组讨论】 以模拟直播为案例，讨论家乡文化巡礼中如何发现文化元素，形成路径要点图示。	分组解析模拟直播中涉及的家乡文化遗产的亮点与特色。	采用罗伯特议事规则，保证组员针对模拟直播展开充分讨论，提升对家乡文化的认识，同时让学生掌握无领导小组讨论技巧与归纳观点的技巧。 学生分组解析讨论
	分组解析。	【小组汇报】 每组派1名代表汇报对模拟直播的解析，只讲要点，不展开解释。	汇报解析要点。	锻炼学生的表达与语言组织能力，由每组学生拍摄汇报者的言行举止，作为下一阶段分析的素材。 学生汇报，小组互评
	点拨案例与解析。	【教师点拨】 从记住乡愁的角度，挖掘家乡物质与非物质遗产的文化元素与现代传承形式。	与教师互动问答。	通过学生课前探究学习效果与模拟直播案例的解析，教师从记住乡愁的角度点拨家乡巡礼中的文化元素，**解决教学重点**。 教师点拨

教学环节	教师活动	具体内容	学生活动	设计意图及效果
课堂点拨 辨"文化"	播放习近平总书记视察永庆坊、赤峰博物馆视频。	【思考】 　　我们还能在哪里找到乡愁？我们如何传承日渐消失的家乡传统文化形式？	学生带着疑问观看习近平总书记视察视频。上传朋友圈点赞截图，作为下一阶段课中考核的依据。	紧扣"记住乡愁"主题，以习近平总书记重要讲话，升华学生对家乡文化的理解。
第二学时					
教学环节	教师活动	具体内容	学生活动	设计意图及效果
总结升华 辨"文化"	结合习近平总书记视察讲话视频提问。	【自我对照】 　　如何挖掘家乡传统技艺、历史遗迹的"文化元素"？	回答问题。	通过对家乡文化元素的挖掘，掌握如何从日常见到的家乡物件中寻找家乡文化的"根"。
	播放视频。	【案例解析】 　　播放教师带领往届学生寻访文化遗产的视频与呈现的成果，解析如何挖掘物质与非物质文化遗产的文化元素，寻找其现代传承形式。	观看案例视频。	通过播放教师带领往届学生寻访文化遗产的视频与呈现的成果，解析该案例中传统村落里的桥、舟、祠堂、牌匾等物质遗产及传统技艺、传统饮食、传统游艺、音乐舞蹈等形式里的文化元素，引导学生思考文化元素挖掘的路径及现代传承形式。 **非遗视频**
	教师点拨。	【教师点拨】 　　从案例及学生课前任务涉及的内容出发，归纳学生家乡文化元素挖掘的路径。	聆听教师点拨。	通过展示往届学生的优秀成果，激励学生纠正自己对家乡文化的理解与文化元素挖掘的误点。

教学环节	教师活动	具体内容	学生活动	设计意图及效果
课堂探究二 明 "家乡"	创设"我为家乡代言"虚拟场景。	【一句话代言】 　　修订课前任务PPT，选择家乡文化最具特色与文化底蕴的内容，进行一句话代言。	准备并汇报一句话"我为家乡代言"。	通过一句话代言，在已提交PPT的基础上，归纳把握家乡文化的亮点与特色，锻炼学生归纳总结与语言表达能力。 我为家乡代言
	提问总结。	【教师点拨】 　　以习近平总书记"记住乡愁"的讲话，勉励学生仔细观察，发现家乡的文化底蕴，带着强烈的自豪感与认同感，向外界推介家乡文化。	学生回答提问。	学生分享，教师点拨，引导学生深刻理解家乡的文化底蕴与独特价值，通过修正作业，升华对挖掘文化元素路径的掌握与对文化元素的把握，**解决教学难点**。
	平台测验。	【在线测验】 　　知识点测验，测验结果计入单元成绩。	现场登录微知库完成知识点测验。	通过知识点测验，扫除自主探究时的知识盲点，纠正知识误点。 微知库知识点测验
课后作业 代言 "家乡"	发布本课实践任务和下次课课前任务。	【修正成果】 　　将课堂探究任务二的成果修正为一句话代言后上传至微知库，教师批阅成绩计入课中成绩。 【课前任务】 　　完成下节课课前导学任务。	学生修正"我为家乡代言"汇报结果。	通过修正小组探究任务二的家乡文化亮点与特色归纳成果，强化学生的认同感与自豪感，实现知行合一。 学生上传一句话代言家乡作业

成绩评价

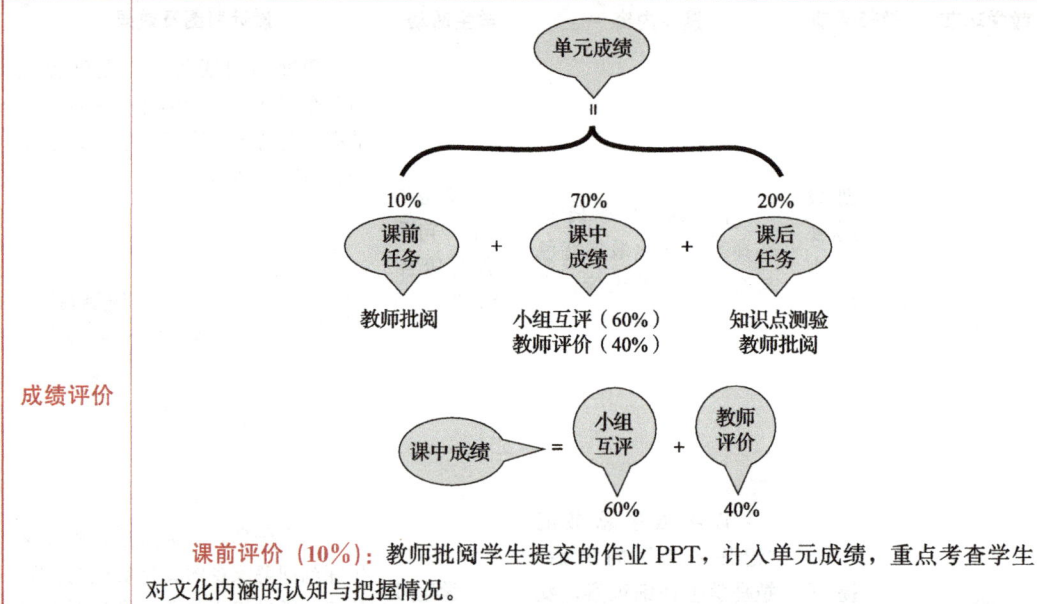

单元成绩 = 课前任务(10%) + 课中成绩(70%) + 课后任务(20%)

- 课前任务：教师批阅
- 课中成绩：小组互评（60%）+ 教师评价（40%）
- 课后任务：知识点测验、教师批阅

课中成绩 = 小组互评(60%) + 教师评价(40%)

课前评价（10%）：教师批阅学生提交的作业 PPT，计入单元成绩，重点考查学生对文化内涵的认知与把握情况。

课中评价（70%）：根据学生模拟直播及我为家乡代言等环节，进行小组互评与教师评价，考查学生对家乡文化认知误点的修正情况，主要聚焦教学难点的掌握情况。

课后评价（20%）：对学生知识点测验情况进行客观评价，考查学生对教学重点的巩固情况与实践运用能力。

*单元教学评价结果作为"国学精粹"课程平时成绩评定依据。

	课后反思
教学预期效果	通过翻转课堂与课内实践，达到了以下效果： （1）学生通过家乡文化体验与 PPT 制作，基本掌握了家乡文化的要点与特点。 （2）学生能掌握家乡传统文化遗产文化元素的寻找与挖掘路径，运用现代传播方式为家乡文化开展推介；对家乡文化产生自豪感与认同感。 （3）学生能完整演示"我为家乡代言"的模拟直播。
不足之处	学生对家乡文化的文化元素理解不够，以旅游者身份看待家乡文化的物质呈现，对深入挖掘文化元素缺乏积累。
改进措施	教师运用情景式教学、模拟直播等方式，将家乡文化中最具有独特性与地域性特点的内容，从历史传承与记住乡愁的角度，引导学生带着"文化"的眼光，寻访身边习见的传统物件（人物、事物），并探索其中的文化底蕴。

附：探究任务小组互评参照标准

评分项	A（21~25分）	B（16~20分）	C（11~15分）	得分
主题选择 （25分）	选题紧扣"家乡"；PPT内容紧扣家乡文化	选题属于"家乡"范畴；基本体现文化内涵	选题与"家乡"关系不大；PPT没有呈现家乡文化内涵	
实地体验 （25分）	实地探访有记录；有原创探访手记	实地探访有记录；探访手记不够原创	实地探访过程未现；无探访手记	
文化元素挖掘 （25分）	准确区分物质文化遗产与非物质文化遗产；点明其文化元素	区分文化遗产种类；点出文化元素	未区分文化遗产种类；未点明文化元素	
整体表现力 （25分）	图片清晰；文字准确，解说到位	图片清晰；文字解说一般	图片一般；无文字解说	
最终得分				

说明：此表用于课中的小组互评。

模块六 项目策划

授课信息				
所属课程	国学精粹	课程性质	公共基础必修课	
所属模块	实践模块	授课对象	所有专业	
授课地点	国学实训室	授课学时	2学时	
授课形式	PBL教学（基于项目的学习）			
教学目标	**知识目标**：掌握小组项目式学习的步骤与要点，理解传统文化表现形式的现代传承。 **能力目标**：学会策划一个传统文化类"互联网+"创新创业项目。 **素质目标**：将劳动教育落实到项目学习，养成勤于动手、善于实践、精于协作、钻研创新的自主学习习惯。			
课程思政	习近平总书记2016年4月26日在知识分子、劳动模范、青年代表座谈会上指出："素质是立身之基，技能是立业之本。广大劳动群众要勤于学习，学文化、学科学、学技能、学各方面知识，不断提高综合素质，练就过硬本领。要立足岗位学，**向师傅学，向同事学，向书本学，向实践学**。三百六十行，行行出状元。任何一名劳动者，无论从事的劳动技术含量如何，只要**勤于学习、善于实践，在工作上兢兢业业**、精益求精，就一定能够造就闪光的人生。"			
学情分析	**知识基础分析**：学生在理论与实践模块学习中已熟悉小组合作学习及翻转课堂的操作模式，了解了实践任务的完成方法，但还未掌握项目式学习的要点及项目策划的步骤；学生已基本具备中华优秀传统文化的认同感与自豪感，对传统文化表现形式的现代传承还不够了解。 **学生特点分析**：年龄上处于由未成年人向成人转化的关键时期，初步形成了个人的行为习惯，但可塑性强；愿意尝试新事物，对直播、短视频制作与分享等具有强烈的兴趣；情感上认同传统文化表现形式，但日常生活中尚未养成运用现代技术传承中华优秀传统文化的自觉。 **信息素养分析**：能熟练运用课程平台，具备一定的信息检索能力与短视频拍摄制作能力。			

教学内容	本单元选自全校公共基础课"国学精粹",课程总体目标是培养具有良好人文素养、职业道德以及健全人格的新型高职人才。本单元教学内容属于实践模块的总结部分,学生在已学习传统人生智慧理论课程及儒家教育实践课程的基础上,从课程总结的角度,**引入"互联网＋"创新创业项目**的策划与实施步骤,让学生在传统智慧与现代传承的转化过程中,体会儒家人生智慧与修身实践的现代传承方式,结合大学创新创业竞赛项目的创新创业教育思维,唤起学生的自主学习意识,推动学生养成勤于动手、善于实践、精于协作、钻研创新的学习习惯。
教学重难点	**教学重点**:学会基于项目的学习方式。 **教学难点**:通过项目式学习,将传统智慧与专业学习相融合,运用现代技术传承传统文化表现形式。
教学策略与方法	本课采用翻转课堂教学模式,运用国家职业教育专业教学资源库微知库"四书五经导读"发布课前导学任务与要求,学生通过自主策划一个与本专业相关的传统文化类"互联网＋"大学生创新创业竞赛项目,完成项目策划的主题选择、团队组建、市场调研、项目设计、项目计划书写作等步骤,完成课前任务。课中通过创业计划书解读、经典案例解析、身边的示范等环节,指导学生修订计划书中与现实条件不符的内容,再结合专家解说、成功创业案例,完成项目计划书重点内容的修订。课后修改项目计划书,为参加"挑战杯"及"互联网＋"创新创业项目竞赛做准备,最终孵化成传统文化类大学生创新创业竞赛项目。 　　**主要教学方法如下:** 　　**任务驱动法**:课前,以任务为驱动引导学生学会选择项目、寻找项目需要的素材、组建团队、整合素材、制订项目实施计划与预期成果,开展市场调研,运用现代思维与技术,创造性转化并传承传统文化的表现形式。 　　**PBL教学法**:教师以"互联网＋"大学生创新创业竞赛项目为目标,以孵化项目的路径,指导学生开展项目计划书的撰写,以完成一份传统文化类"互联网＋"大学生创新创业竞赛项目计划为本课成果,在过程指导中推动学生通过"做中学、做中教"解决项目式学习的教学重点问题,以案例剖析和项目推进共同突破项目式学习的教学难点。 　　**案例教学法**:教师运用学生提交的大学生创新创业竞赛项目计划书案例、成功的传统文化类"互联网＋"项目现代转化案例,激励学生不断修正项目内容与设计路线,最终完成一份具备可行性的"互联网＋"大学生创新创业竞赛项目计划书。
教学环境	"传统＋现代"国学实训室

信息化教学资源

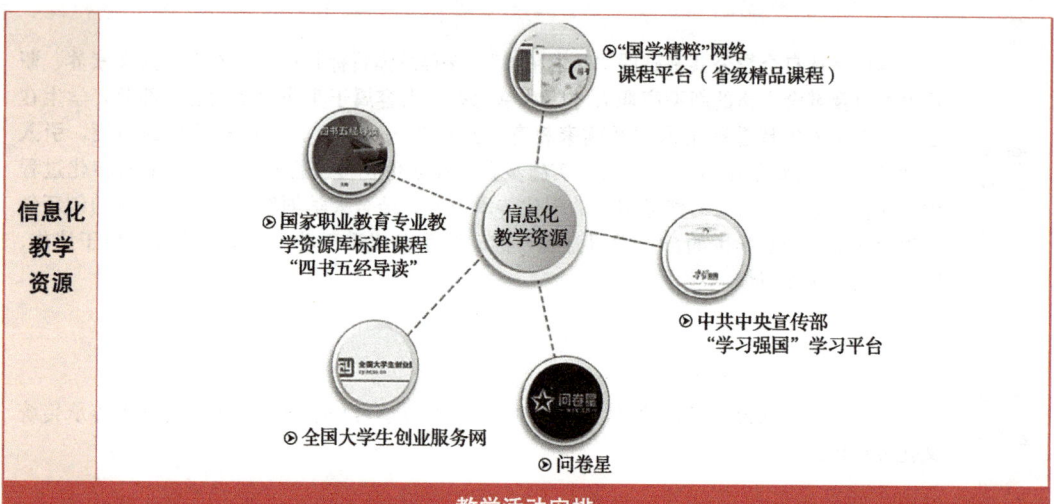

- "国学精粹"网络课程平台（省级精品课程）
- 国家职业教育专业教学资源库标准课程"四书五经导读"
- 中共中央宣传部"学习强国"学习平台
- 全国大学生创业服务网
- 问卷星

教学活动安排

教学环节	教师活动	具体内容	学生活动	设计意图及效果
课前任务 策划"项目" （课前一周）	发布课前导学任务。	【导学任务】 在国家职业教育专业教学资源库微知库发布实训任务。 【任务要求】 学生选择传统文化类主题，组队完成一项"互联网+"创新创业计划书的撰写，为探究任务一积累素材。	登录微知库，以小组为单位提交项目计划书。	采用**任务驱动法**，引导学生组建团队、自主选择项目主题、策划项目计划书，用实践体验唤起学习兴趣。 **微知库课前任务要求** **学生上传的项目计划书**
	批阅小组项目计划书初稿。	批阅小组项目计划书，分析学生项目式学习的效果，存在的普遍问题是网络抄袭较严重，计划书各部分内容不统一。批阅成绩计入单元成绩。	查看批语，整理小组计划，撰写思路汇报。	得分：92 评价：1."非遗"格子铺融合了线下格子铺降低前期成本的需求，创意不错。 2.对格子铺的市场调研还不够。 3.团队成员来源较为单一。 4.SWOT分析还未落到实处。 **微知库实训任务批阅**

第一学时					
教学环节	教师活动	具体内容	学生活动	设计意图及效果
课程前导 说 "项目"	回顾课前任务，创设项目汇报情境。	【导入课题】 　教师回顾课前任务与微课学习情况，点评批阅任务成果时发现的问题。 【分组汇报】 　每组派1位代表用3分钟汇报项目计划书的选题、设计与预期成果。	学生分组汇报项目计划书的策划思路。	采用小组展示法，每组简要汇报项目计划书的策划思路，从汇报中归纳学生微课学习的盲点与误点，为探究任务一做铺垫。 学生分组汇报课前任务
	播放学生短视频案例。	【同伴分享】 　从往届学生的"互联网＋"创业计划获奖项目书中选择1个做成案例短片，分享给学生。	观看同伴成果。	原汁原味展示学生项目式学习的成果，让学生了解项目主题的选择、团队成员的组建、项目设计的可行性，自查知识盲点与误点。 往届学生项目成果分享
课堂探究一 辨 "项目"	分组巡视指导。	【小组讨论】 　以本组项目计划书为案例，对照往届学生案例，提出计划书修订要点。	分组解析项目计划书的撰写要点。	采用罗伯特议事规则，保证组员讨论充分，在已参考往届项目成果的基础上，提升对项目操作的认识。同时锻炼学生的无领导小组讨论技巧与归纳观点的技巧。 学生分组解析讨论
	小组总结。	【小组总结】 　每组将小组讨论结果写下来，列出修正清单。	修正项目计划书中不具备可行性的部分。	锻炼学生的归纳总结能力，修正项目计划书，作为下一阶段分析的素材。 学生汇报解析

教学环节	教师活动	具体内容	学生活动	设计意图及效果
课堂点拨 辨 "项目"	点拨案例与解析。	【教师点拨】 从项目选题、问题把握、市场调研、已具备的项目条件、团队成员的结构、问题解决、风险把控等方面，指导学生修正项目计划书。	聆听教师点拨。	通过往届学生案例成果与学生自主讨论，教师从项目实施的角度点拨项目计划书的准备与内容、传统文化现代传承的角度与要点，**解决教学重点**。
第二学时					

教学环节	教师活动	具体内容	学生活动	设计意图及效果
课堂探究二 改 "项目"	选择1个现场项目，运用SWOT分析模式开展项目提问。	【模拟答辩】 以"非遗格子铺""互联网＋"创业项目为例，从项目优势、劣势、机遇与挑战四个角度提问，推动学生从可操作性角度深入追问项目的设计是否可行。	回答问题。	通过对项目进行SWOT分析，提升学生对项目内容的理解，为进一步修改项目计划书打下基础。 学生模拟抽题答辩
	创设场景，辅助学生修改项目计划书。	【自问自答】 小组成员根据教师模拟答辩的提问技巧，自查自答项目计划书，再次修改探究任务——拟定的清单。	组内模拟答辩，拟定计划书修改要点。	创设答辩情境，引导学生学会分析自身的优势与劣势，运用专业知识解决传统文化现代活化与传承中的衔接问题，寻找现阶段学生创业项目的可为之处，**解决教学难点**。 组内模拟答辩

教学环节	教师活动	具体内容	学生活动	设计意图及效果
课堂探究二 改"项目"	教师主持小组互评。	【小组互评】 在组内自问自答的基础上，小组之间交换项目计划书，再次模拟答辩。	小组互评。	通过小组相互点评，从他者角度进一步加深对项目策划与实施要点的理解，纠正知识误点。 小组互评
总结升华 定"项目"	播放已孵化成功的传统文化类创业项目。	【案例分析】 介绍故宫文创产品及其孵化成功的案例。	观看案例分析。	以故宫网红文创产品为例，树立学生对传统文化类项目现代传承的信心，从中借鉴可供转化的内容。 故宫文创产品成功案例分析
	提问总结。	【教师点拨】 以故宫文创产品及"老×新游"系列产品为例，解析传统文化类项目的市场前景与发展空间。	学生回答提问。	教师点拨，学生回答，引导学生深入思考个人及群体在传统文化表现形式的现代传承方面的可为之处，将电子商务、直播带货及短视频传播等新的生活方式融入传统文化形式里，既巩固了专业知识，又能在日常生活中传承传统文化。
	平台测验。	【在线测验】 知识点测验，测验结果计入单元成绩。	现场登录微知库，完成知识点测验。	通过知识点测验，扫除自主学习时的知识盲点，纠正知识误点。 微知库知识点测验

教学环节	教师活动	具体内容	学生活动	设计意图及效果
课后作业 实施"项目"	发布本课实践任务。	【修正成果】 将课堂探究任务二的项目计划书修正后上传至微知库，教师遴选具备可行性的计划书纳入"互联网＋"大学生创新创业竞赛项目孵化计划；教师批阅成绩计入课中成绩。	学生修正本组项目计划书。	通过修正小组探究任务二的"互联网＋"创业项目计划书，提交更具可行性的策划项目，巩固学生的项目式学习成果，为培育和孵化"互联网＋"大学生创新创业竞赛项目打下基础，实现知行合一。 ① 项目简介 ② 团队介绍 ③ 产品运营 ④ 风险管控 学生上传修订后的 项目计划书与路演 PPT
成绩评价		单元成绩 = 课前任务(10%) + 课中成绩(70%) + 课后任务(20%) 课前任务：教师批阅 课中成绩：小组互评（60%）教师评价（40%） 课后任务：知识点测验 教师批阅 课中成绩 = 小组互评(60%) + 教师评价(40%) **课前评价（10%）**：学生提交项目计划书初稿，教师批阅后计入单元成绩，重点考查学生项目式学习的步骤与动手实践情况。 **课中评价（70%）**：根据学生小组实践进行小组互评与教师评价，考查学生对项目计划书未掌握的知识盲点及误点的修正情况，主要聚焦学生对教学难点的掌握情况。 **课后评价（20%）**：根据学生知识点测验进行客观评价，考查学生对教学重点的巩固情况与实践运用能力。 ＊单元教学评价结果作为"国学精粹"课程平时成绩评定依据。		

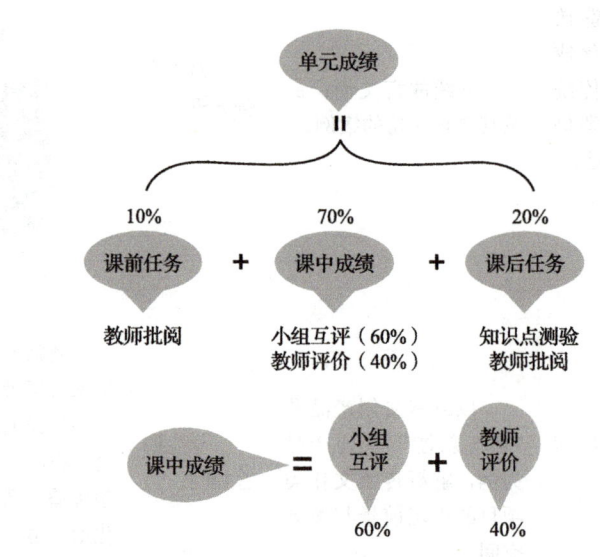

课后反思	
教学预期效果	通过翻转课堂与课内实践，达到以下效果： （1）学生通过"互联网+"大学生创新创业计划书的撰写，基本掌握选题、组队、围绕主题设计项目步骤、撰写市场分析等项目式学习要求。 （2）学生能归纳出本组项目的优势、劣势、机遇与挑战等要点；初步理解项目式学习必须勤于动手、善于实践的特点。 （3）学生基本认同传统文化形式现代传承的可行性。
不足之处	学生对传统文化表现形式的现代传承途径不了解，课内所学未能完全融入个人日常生活中，未真正转化为可行性的项目。
改进措施	教师运用案例教学、翻转课堂等方式，将学生案例与成功孵化案例相结合，分类分层为学生展示传统文化表现形式现代传承也大有可为空间，提高学生运用现代技术传承传统文化的信心，引导学生大开脑洞，用年轻人的思维去理解中华优秀传统文化，提高学生学以致用的能力。

附：探究任务小组互评参照标准

评分项	A（21～25分）	B（16～20分）	C（11～15分）	得分
选题 （25分）	选题紧扣传统文化表现形式；策划内容紧扣传统文化的现代传承	选题属于传统文化范畴；基本体现传统文化的现代传承	选题与传统文化关系不大；没有呈现传统文化的现代传承	
可行性 （25分）	市场前景有分析；相似案例有比较；投资收益有预测	有市场调研；有案例比较；有投资收益预测	未调研市场；无案例；无投资预测	
团队分工 （25分）	有完整团队；分工明确、科学	有团队；分工不够科学	团队未组建；分工不科学	
SWOT分析 （25分）	优劣势把握准确；挑战与威胁分析到位	有优劣势分析；挑战与威胁分析不明确	无SWOT分析	
最终得分				

说明：此表用于课中的小组互评。

附录

教学实施报告

一、整体教学设计

1. 教学背景

习近平总书记指出:"中华优秀传统文化是中华民族的精神命脉,是涵养社会主义核心价值观的重要源泉,也是我们在世界文化激荡中站稳脚跟的坚实根基。"教育部《关于职业院校专业人才培养方案制订与实施工作的指导意见》(教职成〔2019〕13号)要求高等职业学校应当将中华优秀传统文化课程列为必修课或限定选修课。

课程以普及中华优秀传统文化为核心,以提升学生整体人文素养为宗旨,发挥中华优秀传统文化在职业教育中"固本""铸魂""打底色"工程的作用,适应学生健全人格养成与职业素养提升的需要,帮助学生树立正确的价值观、人生观,准确认识优秀传统价值观念与文化精髓,引导学生学会做人、更好做事,树立文化自觉,增强文化认同,提升文化自信。

2. 教材分析

选用教材:"十二五"职业教育国家规划教材《国学精粹》(第二版),该教材由中国人民大学出版社出版。该教材针对高职学生特点,以"国学与人生智慧"为主线,精选传统思想精华,凸显国学的整体性,注重国学的运用,贴近学生生活。

3. 学情分析

授课对象:高职一年级学生。

学生特点:处于从未成年跨入成年的重要阶段,对社会道德与规则有了初步体会但缺乏深刻认识,对传统文化的经典理论有接触但尚未形成独立思考与自身理解,易受传播媒体及身边环境的影响。他们一方面对人生和未来充满希望与期待,另一方面也存在迷茫,包括缺乏人生目标、担忧工作前景、缺乏做事毅力等,世界观、人生观、价值观尚未完全定型,愿意接受新事物、新知识、新思想,在价值观的形成上有较大的可塑性。

学习特点:爱讨论、合作,爱观察、实践;怵干讲理论,怵死记硬背。

知识基础:在中小学阶段对传统文化有所接触,如唐诗宋词、古代散文,以及儒家《论语》等经典中的章句,具备国学的一些基本常识,但对传统文化没有形成整体概念,对其中的具体内涵也缺乏清晰了解和认知,甚至还存在很多误解。

信息素养:具备基本信息检索能力。

4. 内容分析

　　针对高职一年级学生的身心状况，结合学生成长成才需要，借鉴传统智慧，设计知理、守礼、明德、知耻、立志、好学、孝亲、诚信、敬业等理论模块主题，以及诗词吟诵、日常礼仪等实践教学模块，通过学习国学内涵和传统经典展现出的人生智慧，引导学生明确道德底线，树立远大志向，践行中华孝道，做人诚实守信，做事爱岗敬业，深刻体会传统文化修身为本、德技并修之道，并能了解中国传统文化中所具有的超越性的境界追求。

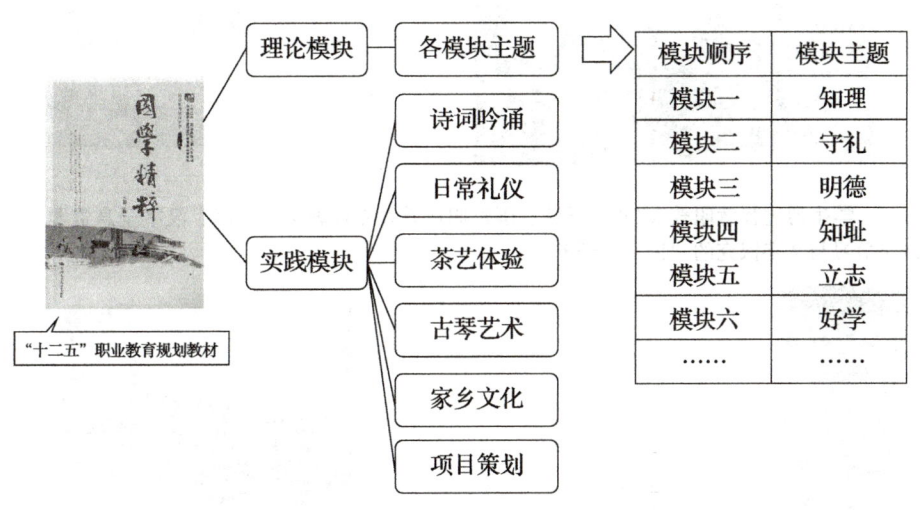

模块顺序	模块主题
模块一	知理
模块二	守礼
模块三	明德
模块四	知耻
模块五	立志
模块六	好学
……	……

理论模块——各模块主题

实践模块——诗词吟诵、日常礼仪、茶艺体验、古琴艺术、家乡文化、项目策划

"十二五"职业教育规划教材《国学精粹》

5. 教学目标

知识目标	（1）能说出国学的基本概念、特质及其在当代的价值。 （2）掌握主要典籍及代表人物。 （3）理解所选模块思想的主要旨趣，熟读《大学》《论语》《老子》等经典。
能力目标	（1）能养成正本清源读原典的学习习惯。 （2）具备自主学习和探究中国传统思想中的主要概念和思想内涵的能力。 （3）具备良好的语言表达及沟通能力。 （4）具备反省自我身心状况的能力。 （5）能自觉将中华优秀传统文化与社会主义核心价值观相结合，对社会现象具有较准确的分析和判断能力。
素质目标	（1）具备完善人格修养的意识，能够运用国学经典智慧解决现实生活中的困惑。 （2）自觉在日常生活中践行中华优秀传统美德。 （3）具有一定的审美和人文素养。 （4）具有传承弘扬中华优秀传统文化的责任感和使命感。

6. 教学重难点

教学重点	借助信息化手段由浅入深学习和体会中华优秀传统文化中的基本概念和思想内涵。
教学难点	将传统修身思想内涵转化为学生生活实践，实现知行合一，助力学生生命成长。

7. 教学策略与过程

　　课程根据知行合一论、生活教育论与知情意行协调发展德育论，运用任务驱动、项目教学、启发式教学、案例教学等教学法，创设"传统文化氛围＋现代信息技术"的教学环境，调动学生身心，通过"课前'识'—课中'说'、'体（解）''辨'、'明'—课后'笃'"的教学环节，实现"教—学—养—用"一体化。

课前： 学生通过智慧职教MOOC学院、国家职业教育专业教学资源库、汉字全息资源应用系统完成微课学习与文字探究的"识×"任务。

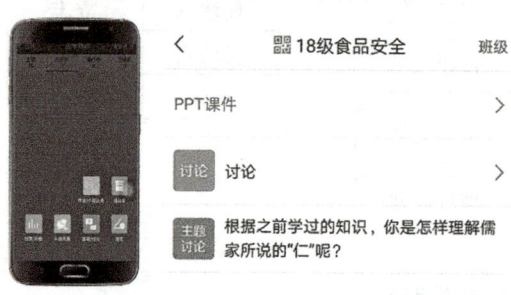

课中： 结合自主探究、小组合作、情境教学、启发式教学、案例教学、实践体验等教学法，设计"说、体（解）、辨、明"环节，引导学生运用汉字全息资源应用系统、中国哲学书电子化计划等资源开展自主探究活动，教师根据学生探究情况，结合电影选段、专家讲解、实际案例视频进行点拨升华，将探究任务的沉浸感与交互性带入学习中，从而有效突破教学重难点。

课后： 推送"笃×"任务，通过要求学生完成一周行为内省心得，落实传统文化修身理念，巩固教学效果。

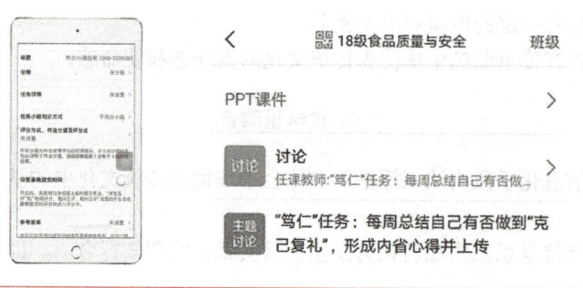

教学实施流程图

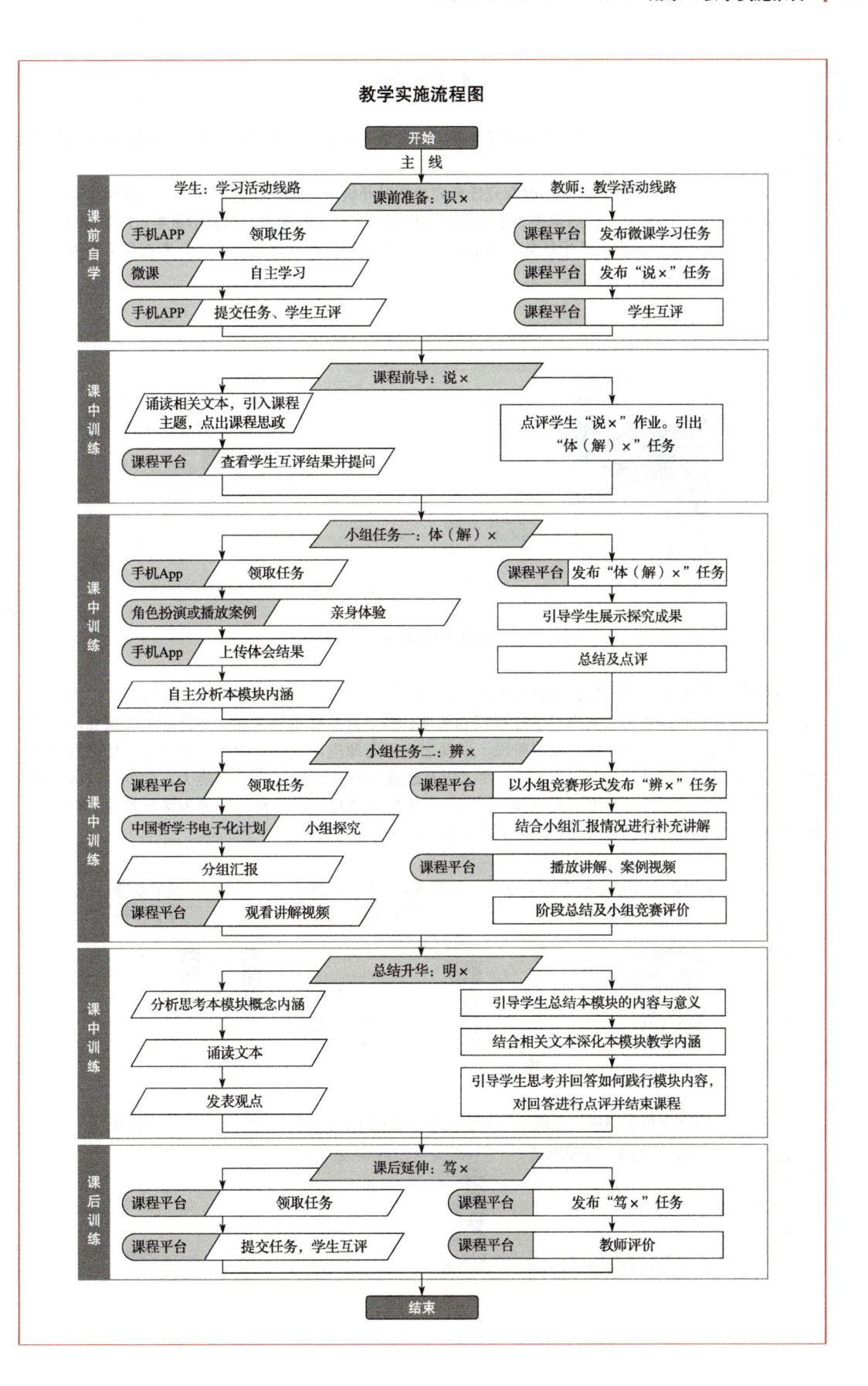

```
                          开始
                          主│线

课前自学:
  学生：学习活动线路        课前准备：识×        教师：教学活动线路
  手机APP  │ 领取任务                     课程平台 │ 发布微课学习任务
  微课    │ 自主学习                     课程平台 │ 发布"说×"任务
  手机APP  │ 提交任务、学生互评            课程平台 │ 学生互评

课中训练:
                          课程前导：说×
  诵读相关文本，引入课程主题，点出课程思政       点评学生"说×"作业。引出"体（解）×"任务
  课程平台 │ 查看学生互评结果并提问

课中训练:
                          小组任务一：体（解）×
  手机App   │ 领取任务                    课程平台 │ 发布"体（解）×"任务
  角色扮演或播放案例 │ 亲身体验              引导学生展示探究成果
  手机App   │ 上传体会结果                 总结及点评
  自主分析本模块内涵

课中训练:
                          小组任务二：辨×
  课程平台  │ 领取任务                    课程平台 │ 以小组竞赛形式发布"辨×"任务
  中国哲学书电子化计划 │ 小组探究           结合小组汇报情况进行补充讲解
  分组汇报                                课程平台 │ 播放讲解、案例视频
  课程平台  │ 观看讲解视频                 阶段总结及小组竞赛评价

课中训练:
                          总结升华：明×
  分析思考本模块概念内涵                    引导学生总结本模块的内容与意义
  诵读文本                                结合相关文本深化本模块教学内涵
  发表观点                                引导学生思考并回答如何践行模块内容，对回答进行点评并结束课程

课后训练:
                          课后延伸：笃×
  课程平台  │ 领取任务                    课程平台 │ 发布"笃×"任务
  课程平台  │ 提交任务，学生互评            课程平台 │ 教师评价

                          结束
```

8. 教学评价

课前评价（10%）：根据学生汇报情况开展，通过学生互评和教师评价，重点考查学生完成任务有效度。

课中评价（70%）：根据学生小组探究任务完成情况开展学生互评和教师评价，考查学生在小组合作探究过程中对经典研读法的掌握、小组分工合作与成果呈现的能力、对教学重难点的掌握情况。

课后评价（20%）：根据学生任务完成情况，以学生互评与教师评价的方式，考查学生对模块内容的把握及课后践行情况。

9. 信息化教学手段

课程应用信息化手段与资源为教学辅助工具，提升教学效率，拓展学生学习的深度与广度。教学全过程通过校本课程平台实现教学过程管理辅助、教学资源展示等功能，加强师生交流互动，增强学生学习兴趣。学生自主探究学习阶段，以汉字全息资源应用系统、中国哲学书电子化计划等资源作为辅助工具，增强学生对汉字字形、字义以及经典文本的理解以及分析能力。此外，以国家职业教育专业教学资源库"四书五经导读"课程、省级精品课程"国学精粹"等为课程资源支撑，构建"时时可学、处处能学、人人乐学"的教学空间，提升学习效率。

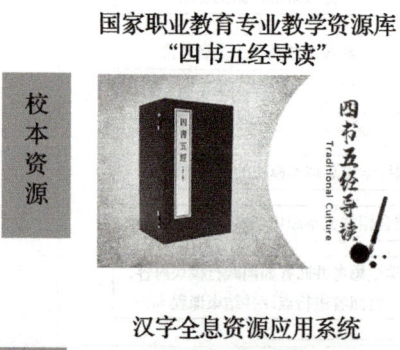

二、教学实施成效

1. 特色亮点

（1）立足传统，面向时代，将中华优秀传统文化与社会主义核心价值观密切结合，切实落实课程思政任务。

（2）以学生为中心，从学生生活实际出发，结合经典学习进行主题升华，将思想体悟复归于学生生命体验，通过行为训练落实于学生行为规范，引导学生完成对传统文化"一知半解→寻根溯源→辨析义理→体悟内涵→彰显大义→切实笃行"的全过程，解决思政教育中学生"易知难行""只知不行"的教学痛点。

来源于学生生活 → 升华于传统经典 → 复归于学生生命 → 落实于学生行为

（3）创新"礼以立人、艺以养人、行以成人"教学理念，创设"动静＋身心＋学练＋知行合一"教学环节七步法。

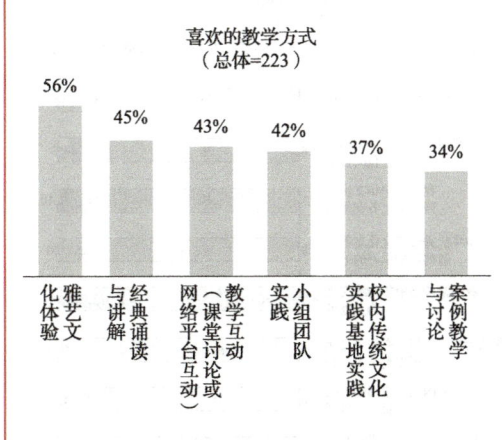

喜欢的教学方式（总体=223）

- 雅文化体验 56%
- 经典诵读与讲解 45%
- 教学互动（课堂讨论或网络平台互动）43%
- 实践 42%
- 小组团队 37%
- 校内传统文化实践基地 37%
- 案例教学与讨论 34%

7.我最认同的课堂教学环节是（　）（多选）

选项	小计	比例
A.礼敬师长	887	71.19%
B.吟唱雅乐	703	56.42%
C.修身正坐	755	60.59%
D.经典讲解	702	56.34%
E.经典读写	535	42.94%
F.雅艺实践/每课一礼	740	59.39%
G.经典背诵	302	24.24%
H.课后行为反思	394	31.62%
本题有效填写人次	1246	

2. 教学效果

（1）学生从"怵"国学到"爱"国学，学习兴趣大幅提高。

11.通过"国学精粹"课程的学习，我（　）（多选）

选项	小计	比例
A.丰富了国学知识，拓展了理论视野	1014	81.38%
B.提升了小组合作学习的能力	653	52.41%
C.锻炼了分析问题与自主学习的能力	612	49.12%
D.了解和体验了国艺	969	77.77%
E.找到了提升自身涵养的方法	696	55.86%
F.培养了继续学习国学知识与国艺技能的兴趣	611	49.04%
本题有效填写人次	1246	

（2）学生从"知"国学到"用"国学，乐于践行中华美德。

"每日一礼"　　　　"行为观察与反思"　　　　"孝亲行动方案"

（3）学生对"国学精粹"课程满意度高（达91%），对优秀传统文化认同度普遍提高（高达94%）。

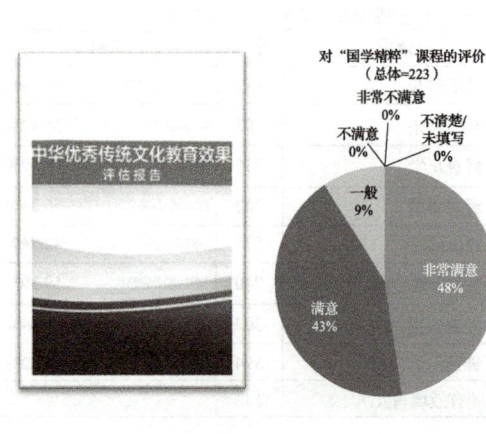

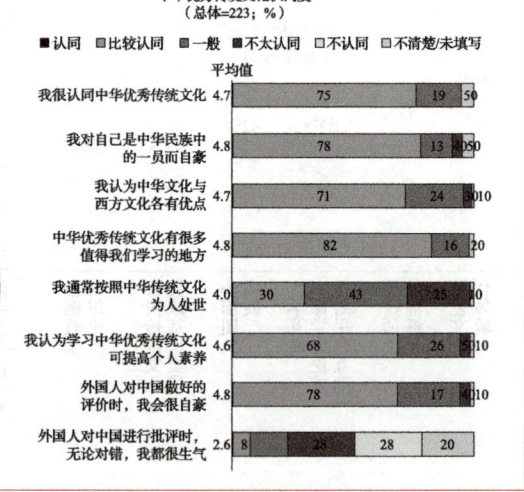

3. 问题与改进

(1) 部分学生在开展探究任务的过程中面对资料不足的情况缺乏应变能力，需要教师引导提醒。改进措施是以练促学，进一步加强学生运用资源、自主思考、主动解决问题的能力。

(2) 小组讨论与协作的学习方式有利于学生思辨进取，但也存在个别学生"搭便车"的现象。改进措施是在后续教学中科学利用信息化手段进行督促与评价，根据实际分工与工作内容进行评价。

(3) 学生汇报个人或小组探究成果时有自信心不足、临场紧张的状况，一定程度上降低了汇报效果。改进措施是进一步加强对学生自信心的培养，在后续的教学过程中根据个体情况多创造上台汇报、表演、展示的机会。

图书在版编目（CIP）数据

中华优秀传统文化课程：标准、模块设计与实施 / 宋婕主编. -- 北京：中国人民大学出版社，2022.4
（职业院校教师培训与继续教育丛书）
ISBN 978-7-300-30365-9

Ⅰ.①中… Ⅱ.①宋… Ⅲ.①中华文化－职业教育－教学参考资料 Ⅳ.①K203

中国版本图书馆 CIP 数据核字（2022）第 034994 号

职业院校教师培训与继续教育丛书
中华优秀传统文化课程：标准、模块设计与实施
主　编　宋　婕
Zhonghua Youxiu Chuantong Wenhua Kecheng：Biaozhun、Mokuai Sheji yu Shishi

出版发行	中国人民大学出版社		
社　　址	北京中关村大街 31 号	邮政编码	100080
电　　话	010－62511242（总编室）	010－62511770（质管部）	
	010－82501766（邮购部）	010－62514148（门市部）	
	010－62515195（发行公司）	010－62515275（盗版举报）	
网　　址	http://www.crup.com.cn		
经　　销	新华书店		
印　　刷	固安县铭成印刷有限公司		
规　　格	185 mm×260 mm　16 开本	版　次	2022 年 4 月第 1 版
印　　张	15	印　次	2025 年 1 月第 2 次印刷
字　　数	320 000	定　价	49.00 元

版权所有　侵权必究　　印装差错　负责调换